海上絲綢之路基本文獻叢書

禦倭軍事條款
倭患考原
倭情考略

〔明〕李遂 撰／〔明〕黄俣卿 撰／〔明〕郭光復 撰

文物出版社

圖書在版編目（CIP）數據

禦倭軍事條款 /（明）李遂撰．倭患考原 /（明）黄俣卿撰．倭情考略 /（明）郭光復撰．-- 北京：文物出版社，2022.6
（海上絲綢之路基本文獻叢書）
ISBN 978-7-5010-7529-4

Ⅰ．①禦… ②倭… ③倭… Ⅱ．①李… ②黄… ③郭… Ⅲ．①抗倭鬥爭－史料－中國－明代 Ⅳ．①K248.205

中國版本圖書館 CIP 數據核字（2022）第 071508 號

海上絲綢之路基本文獻叢書

禦倭軍事條款·倭患考原·倭情考略

著　　者：〔明〕李遂　〔明〕黄俣卿　〔明〕郭光復
策　　划：盛世博閱（北京）文化有限責任公司

封面設計：鞏榮彪
責任編輯：劉永海
責任印製：張　麗

出版發行：文物出版社
社　　址：北京市東城區東直門内北小街 2 號樓
郵　　編：100007
網　　址：http://www.wenwu.com
郵　　箱：web@wenwu.com
經　　銷：新華書店
印　　刷：北京旺都印務有限公司
開　　本：787mm×1092mm　1/16
印　　張：13.625
版　　次：2022 年 6 月第 1 版
印　　次：2022 年 6 月第 1 次印刷
書　　號：ISBN 978-7-5010-7529-4
定　　價：90.00 圓

總緒

海上絲綢之路，一般意義上是指從秦漢至鴉片戰争前中國與世界進行政治、經濟、文化交流的海上通道，主要分爲經由黄海、東海的海路最終抵達日本列島及朝鮮半島的東海航綫和以徐聞、合浦、廣州、泉州爲起點通往東南亞及印度洋地區的南海航綫。

在中國古代文獻中，最早、最詳細記載『海上絲綢之路』航綫的是東漢班固的《漢書·地理志》，詳細記載了西漢黄門譯長率領應募者入海『齎黄金雜繒而往』之事，書中所出現的地理記載與東南亞地區相關，并與實際的地理狀況基本相符。

東漢後，中國進入魏晉南北朝長達三百多年的分裂割據時期，絲路上的交往也走向低谷。這一時期的絲路交往，以法顯的西行最爲著名。法顯作爲從陸路西行到印度，再由海路回國的第一人，根據親身經歷所寫的《佛國記》（又稱《法顯傳》）一書，詳細介紹了古代中亞和印度、巴基斯坦、斯里蘭卡等地的歷史及風土人情，是瞭解和研究海陸絲綢之路的珍貴歷史資料。

隨着隋唐的統一，中國經濟重心的南移，中國與西方交通以海路爲主，海上絲綢之路進入大發展時期。廣州成爲唐朝最大的海外貿易中心，朝廷設立市舶司，專門管理海外貿易。唐代著名的地理學家賈耽（七三〇~八〇五年）的《皇華四達記》記載了從廣州通往阿拉伯地區的海上交通『廣州通夷道』，詳述了從廣州港出發，經越南、馬來半島、蘇門答臘半島至印度、錫蘭，直至波斯灣沿岸各國的航綫及沿途地區的方位、名稱、島礁、山川、民俗等。譯經大師義净西行求法，將沿途見聞寫成著作《大唐西域求法高僧傳》，詳細記載了海上絲綢之路的發展變化，是我們瞭解絲綢之路不可多得的第一手資料。

宋代的造船技術和航海技術顯著提高，指南針廣泛應用於航海，中國商船的遠航能力大大提升。北宋徐兢的《宣和奉使高麗圖經》詳細記述了船舶製造、海洋地理和往來航綫，是研究宋代海外交通史、中朝友好關係史、中朝經濟文化交流史的重要文獻。南宋趙汝適《諸蕃志》記載，南海有五十三個國家和地區與南宋通商貿易，形成了通往日本、高麗、東南亞、印度、波斯、阿拉伯等地的『海上絲綢之路』。宋代爲了加强商貿往來，於北宋神宗元豐三年（一〇八〇年）頒佈了中國歷史上第一部海洋貿易管理條例《廣州市舶條法》，并稱爲宋代貿易管理的制度範本。

元朝在經濟上採用重商主義政策，鼓勵海外貿易，中國與歐洲的聯繫與交往非常頻繁，其中馬可·波羅、伊本·白圖泰等歐洲旅行家來到中國，留下了大量的旅行記，記録元代海上絲綢之路的盛况。元代的汪大淵兩次出海，撰寫出《島夷志略》一書，記録了二百多個國名和地名，其中不少首次見於中國著録，涉及的地理範圍東至菲律賓群島，西至非洲。這些都反映了元朝時中西經濟文化交流的豐富内容。

明、清政府先後多次實施海禁政策，海上絲綢之路的貿易逐漸衰落。但是從明永樂三年至明宣德八年的二十八年裏，鄭和率船隊七下西洋，先後到達的國家多達三十多個，在進行經貿交流的同時，也極大地促進了中外文化的交流，這些都詳見於《西洋蕃國志》《星槎勝覽》《瀛涯勝覽》等典籍中。

關於海上絲綢之路的文獻記述，除上述官員、學者、求法或傳教高僧以及旅行者的著作外，自《漢書》之後，歷代正史大都列有《地理志》《四夷傳》《西域傳》《外國傳》《蠻夷傳》《屬國傳》等篇章，加上唐宋以來衆多的典制類文獻、地方史志文獻，集中反映了歷代王朝對於周邊部族、政權以及西方世界的認識，都是關於海上絲綢之路的原始史料性文獻。

海上絲綢之路概念的形成，經歷了一個演變的過程。十九世紀七十年代德國地理學家費迪南·馮·李希霍芬（Ferdinad Von Richthofen，一八三三～一九〇五），在其《中國：親身旅行和研究成果》第三卷中首次把輸出中國絲綢的東西陸路稱爲『絲綢之路』。有『歐洲漢學泰斗』之稱的法國漢學家沙畹（Édouard Chavannes，一八六五～一九一八），在其一九〇三年著作的《西突厥史料》中提出『絲路有海陸兩道』，蘊涵了海上絲綢之路最初提法。迄今發現最早正式提出『海上絲綢之路』一詞的是日本考古學家三杉隆敏，他在一九六七年出版《中國瓷器之旅：探索海上的絲綢之路》中首次使用『海上絲綢之路』一詞；一九七九年三杉隆敏又出版了《海上絲綢之路》一書，其立意和出發點局限在東西方之間的陶瓷貿易與交流史。

二十世紀八十年代以來，在海外交通史研究中，『海上絲綢之路』一詞逐漸成爲中外學術界廣泛接受的概念。根據姚楠等人研究，饒宗頤先生是華人中最早提出『海上絲綢之路』的人，他的《海道之絲路與昆侖舶》正式提出『海上絲路』的稱謂。選堂先生評價海上絲綢之路是外交、貿易和文化交流作用的通道。此後，大陸學者馮蔚然在一九七八年編寫的《航運史話》中，使用『海上絲綢之路』一詞，這是迄今學界查到的中國大陸最早使用『海上絲綢之路』的人，更多地限於航海活動領域的考察。一九八〇年北京大學陳炎教授提出『海上絲綢之路』研究，并於一九八一年發表《略論海上絲綢之路》一文。他對海上絲綢之路的理解超越以往，且帶有濃厚的愛國主義思想。陳炎教授之後，從事研究海上絲綢之路的學者越來越多，尤其沿海港口城市向聯合國申請海上絲綢之路非物質文化遺産活動，將海上絲綢之路研究推向新高潮。另外，國家把建設『絲綢之路經濟帶』和『二十一世紀海上絲綢之路』作爲對外發展方針，將這一學術課題提升爲國家願景的高度，使海上絲綢之路形成超越學術進入政經層面的熱潮。

與海上絲綢之路學的萬千氣象相對應，海上絲綢之路文獻的整理工作仍顯滯後，遠遠跟不上突飛猛進的研究進展。二〇一八年厦門大學、中山大學等單位聯合發起『海上絲綢之路文獻集成』專案，尚在醞釀當中。我們不揣淺陋，深入調查，廣泛搜集，將有關海上絲綢之路的原始史料文獻和研究文獻，分爲風俗物産、雜史筆記、海防海事、典章檔案等六個類别，彙編成《海上絲綢之路歷史文化叢書》，於二〇二〇年影印出版。此輯面市以來，深受各大圖書館及相關研究者好評。爲讓更多的讀者親近古籍文獻，我們遴選出前編中的菁華，彙編成《海上絲綢之路基本文獻叢書》，以單行本影印出版，以饗讀者，以期爲讀者展現出一幅幅中外經濟文化交流的精美畫卷，爲海上絲綢之路的研究提供歷史借鑒，爲『二十一世紀海上絲綢之路』倡議構想的實踐做好歷史的詮釋和注脚，從而達到『以史爲鑒』『古爲今用』的目的。

凡例

一、本編注重史料的珍稀性，從《海上絲綢之路歷史文化叢書》中遴選出菁華，擬出版百册單行本。

二、本編所選之文獻，其編纂的年代下限至一九四九年。

三、本編排序無嚴格定式，所選之文獻篇幅以二百餘頁爲宜，以便讀者閱讀使用。

四、本編所選文獻，每種前皆注明版本、著者。

五、本編文獻皆爲影印，原始文本掃描之後經過修復處理，仍存原式，少數文獻由於原始底本欠佳，略有模糊之處，不影響閱讀使用。

六、本編原始底本非一時一地之出版物，原書裝幀、開本多有不同，本書彙編之後，統一爲十六開右翻本。

目録

禦倭軍事條款

禦倭軍事條款

一卷

〔明〕李遂　撰

明嘉靖中藍印本

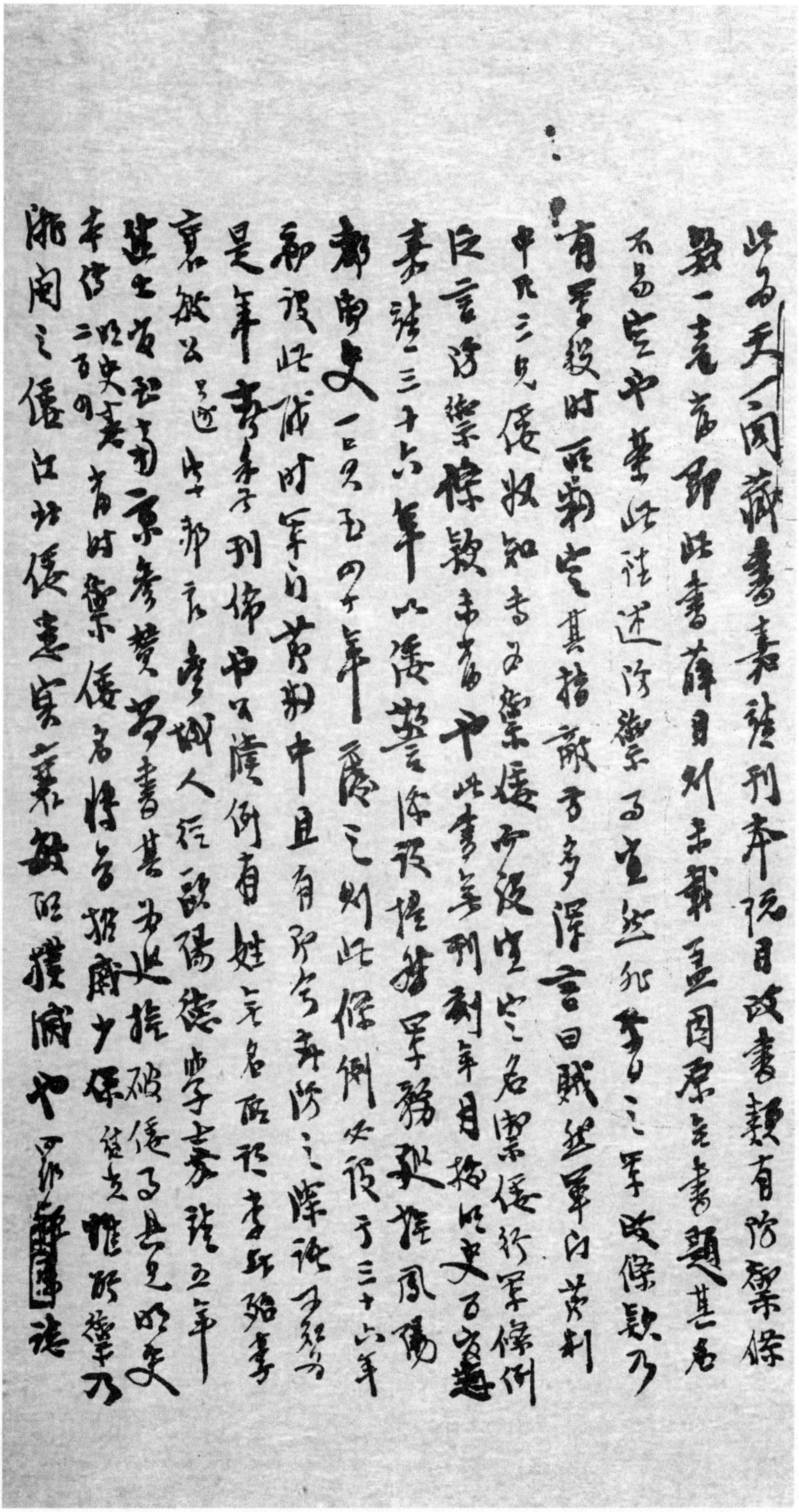
此爲天一閣藏書，嘉靖刊本。阮目政書類有防禦條
款一卷，當即此書。薛目則未載，蓋因原無書題，其名
不易定也。此雖述防禦爲主，然非專之軍政條款，乃
有事發時所頒發之號令，其指敵方多譯言曰賊，與軍門黃判
中凡三見倭，故知書爲禦倭而設。宜定名禦倭行軍條例，
以言防禦條款，未當也。此書未署刊刻年月，據此文可定爲
嘉靖三十六年以後。蓋以倭警添設提督軍務巡撫鳳陽
都御史一員，至四十年罷之，則此條例必頒於三十六年
初設此職時。第二行黃州中且有即今奉防之牌諭，于紹
是年春季刊佈也。又條例首有姓名，官名題都御史
唐順之，是從之郡官，武進人，從歐陽德學，嘉靖五年
進士，官至南京參贊，著書甚多，嘗提破倭為其是時之史
本傳以其嘗有時禦倭為得名，招撫大保，從之雖禦，乃
湘閩之倭江北倭患實兼救阻撲滅也。西諦跋誌

欽差提督軍務兼巡撫鳳陽等處地方都察院右
僉都御史李　爲明什伍以肅軍令事照得人
数不清則兵衆易潰部曲不整則士心不固即
今調募將集正當教練之時所據行伍合先考
定爲此劄仰各該將領官員人等即將所部兵
勇遵照定去什伍事理着實舉行如有違抗定
以軍法治罪决不輕貸仍將部分緣由照依發
去格紙填造文冊二本一付軍帥收照一送軍
門備查其編定總長兵勇人等若有疾病事故
者隨其哨隊甲伍補填每月另呈以便查攷俱

毋違錯不便

計開

每兵勇一人照依發去牌式自置懸牌一箇一面書姓名年貌籍貫人役技藝及伍長同伍姓名即以信地爲號隨哨隊甲伍編如廟灣則云廟字幾哨幾隊幾甲第幾伍兵勇家橋則云周字幾哨幾隊幾甲第幾伍兵勇之類至五而止一面書軍門號令

每五人爲伍伍有長內選技勇稍優者爲之照發去牌式自置懸牌一箇一面書姓名年貌

籍貫人役技藝及同伍姓名亦取結狀一樣
遞編至五哨五隊五甲第五伍而上一二本
軍門號令
每二十五人為甲甲有長內選才力稍優者置
之照發去牌式自置懸牌一箇一面書姓名
年貌籍貫人役技藝及伍長五人姓名亦照
前信地字號編次至五哨五隊第五甲而止
一面書軍門號令
每一百二十五人為隊隊有長擇有身家才力
及千百戶堪委者為之官為置號牌一箇照

依發去式樣一付隊長懸帶一付軍帥收執以憑調遣亦以信地字號遞編至五哨第五隊而止一面書隊長姓名年貌籍貫員役技藝一面書軍門號令

每六百二十五人爲哨哨有總有左右哨長擇指揮及千百戶有謀勇者充之左哨配定三百一十五人右哨配定三百一十人俱聽哨總節制照依發去式樣冒以紅絲虎花欄牌書大字哨符名[illegible]片一付軍門一送軍門以憑調發一付哨總收執哨長等非奉徵調不

得領符其符亦以信地照前編號遞至五哨
而止一面書總長職銜姓名一面書軍門號
令隊甲以下軍門不時摘喚點驗差遣别有
信牌不在徵發之例

每三千一百二十五人爲軍軍有帥即叅將遊
擊留守守備把總等官是也照依發去式様
置硃紅飛虎花欄楷書大字兵符二片一付
本帥收執一送軍門以憑調發亦以信地爲
號一面書本帥職銜姓名一面書軍門號令
其部下兵勇數止六七百者即係一哨不用

此符

大率每軍五哨每哨五隊五五二十五隊每隊五甲五五一百二十五甲每甲五伍五五六百二十五伍每伍五人五五三千一百二十五人合而成軍

某字號軍軍帥某官某姓名

壹哨	哨總 所衛	左哨長 所衛	右哨長 所衛
貳哨	哨總 所衛	左哨長 所衛	右哨長 所衛
叄哨	哨總 所衛	左哨長 所衛	右哨長 所衛
肆哨	哨總 所衛	左哨長 所衛	右哨長 所衛
伍哨	哨總 所衛	左哨長 所衛	右哨長 所衛

壹哨

一隊長姓名 二隊長姓名 三隊長姓名 四隊長姓名 五隊長姓名
年貌籍貫 年貌籍貫 年貌籍貫 年貌籍貫 年貌籍貫
員役技藝 員役技藝 員役技藝 員役技藝 員役技藝

貳哨

一隊長姓名 二隊長姓名 三隊長姓名 四隊長姓名 五隊長姓名
年貌籍貫 年貌籍貫 年貌籍貫 年貌籍貫 年貌籍貫
員役技藝 員役技藝 員役技藝 員役技藝 員役技藝

叁哨

一隊長姓名 二隊長姓名 三隊長姓名 四隊長姓名 五隊長姓名
年貌籍貫 年貌籍貫 年貌籍貫 年貌籍貫 年貌籍貫
員役技藝 員役技藝 員役技藝 員役技藝 員役技藝

肆哨

一隊長姓名 二隊長姓名 三隊長姓名 四隊長姓名 五隊長姓名
年貌籍貫 年貌籍貫 年貌籍貫 年貌籍貫 年貌籍貫
員役技藝 員役技藝 員役技藝 員役技藝 員役技藝

伍哨

一隊長姓名 二隊長姓名 三隊長姓名 四隊長姓名 五隊長姓名
年貌籍貫 年貌籍貫 年貌籍貫 年貌籍貫 年貌籍貫
員役技藝 員役技藝 員役技藝 員役技藝 員役技藝

某字號軍第幾哨哨總某　左哨長某　右哨長某

隊	一甲	二甲	三甲	四甲	五甲
壹隊	一甲長姓名 年貌籍貫 人役技藝	二甲長姓名 年貌籍貫 人役技藝	三甲長姓名 年貌籍貫 人役技藝	四甲長姓名 年貌籍貫 人役技藝	五甲長姓名 年貌籍貫 人役技藝
貳隊	一甲長姓名 年貌籍貫 人役技藝	二甲長姓名 年貌籍貫 人役技藝	三甲長姓名 年貌籍貫 人役技藝	四甲長姓名 年貌籍貫 人役技藝	五甲長姓名 年貌籍貫 人役技藝
叁隊	一甲長姓名 年貌籍貫 人役技藝	二甲長姓名 年貌籍貫 人役技藝	三甲長姓名 年貌籍貫 人役技藝	四甲長姓名 年貌籍貫 人役技藝	五甲長姓名 年貌籍貫 人役技藝
肆隊	一甲長姓名 年貌籍貫 人役技藝	二甲長姓名 年貌籍貫 人役技藝	三甲長姓名 年貌籍貫 人役技藝	四甲長姓名 年貌籍貫 人役技藝	五甲長姓名 年貌籍貫 人役技藝
伍隊	一甲長姓名 年貌籍貫 人役技藝	二甲長姓名 年貌籍貫 人役技藝	三甲長姓名 年貌籍貫 人役技藝	四甲長姓名 年貌籍貫 人役技藝	五甲長姓名 年貌籍貫 人役技藝

某字號軍第幾哨哨總某　左哨長某　右哨長某

隊	一甲	二甲	三甲	四甲	五甲
壹隊	一甲長姓名 年貌籍貫 人役技藝	二甲長姓名 年貌籍貫 人役技藝	三甲長姓名 年貌籍貫 人役技藝	四甲長姓名 年貌籍貫 人役技藝	五甲長姓名 年貌籍貫 人役技藝
貳隊	一甲長姓名 年貌籍貫 人役技藝	二甲長姓名 年貌籍貫 人役技藝	三甲長姓名 年貌籍貫 人役技藝	四甲長姓名 年貌籍貫 人役技藝	五甲長姓名 年貌籍貫 人役技藝
叁隊	一甲長姓名 年貌籍貫 人役技藝	二甲長姓名 年貌籍貫 人役技藝	三甲長姓名 年貌籍貫 人役技藝	四甲長姓名 年貌籍貫 人役技藝	五甲長姓名 年貌籍貫 人役技藝
肆隊	一甲長姓名 年貌籍貫 人役技藝	二甲長姓名 年貌籍貫 人役技藝	三甲長姓名 年貌籍貫 人役技藝	四甲長姓名 年貌籍貫 人役技藝	五甲長姓名 年貌籍貫 人役技藝
伍隊	一甲長姓名 年貌籍貫 人役技藝	二甲長姓名 年貌籍貫 人役技藝	三甲長姓名 年貌籍貫 人役技藝	四甲長姓名 年貌籍貫 人役技藝	五甲長姓名 年貌籍貫 人役技藝

某字號軍幾哨第幾隊隊長某

壹甲	一伍長姓名 年貌籍貫 人役技藝	二伍長姓名 年貌籍貫 人役技藝	三伍長姓名 年貌籍貫 人役技藝	四伍長姓名 年貌籍貫 人役技藝	五伍長姓名 年貌籍貫 人役技藝
貳甲	一伍長姓名 年貌籍貫 人役技藝	二伍長姓名 年貌籍貫 人役技藝	三伍長姓名 年貌籍貫 人役技藝	四伍長姓名 年貌籍貫 人役技藝	五伍長姓名 年貌籍貫 人役技藝
參甲	一伍長姓名 年貌籍貫 人役技藝	二伍長姓名 年貌籍貫 人役技藝	三伍長姓名 年貌籍貫 人役技藝	四伍長姓名 年貌籍貫 人役技藝	五伍長姓名 年貌籍貫 人役技藝
肆甲	一伍長姓名 年貌籍貫 人役技藝	二伍長姓名 年貌籍貫 人役技藝	三伍長姓名 年貌籍貫 人役技藝	四伍長姓名 年貌籍貫 人役技藝	五伍長姓名 年貌籍貫 人役技藝
伍甲	一伍長姓名 年貌籍貫 人役技藝	二伍長姓名 年貌籍貫 人役技藝	三伍長姓名 年貌籍貫 人役技藝	四伍長姓名 年貌籍貫 人役技藝	五伍長姓名 年貌籍貫 人役技藝

某字號軍幾哨第幾隊隊長某

壹甲
一伍長姓名　二伍長姓名　三伍長姓名　四伍長姓名　五伍長姓名
年貌籍貫　年貌籍貫　年貌籍貫　年貌籍貫　年貌籍貫
人役技藝　人役技藝　人役技藝　人役技藝　人役技藝

貳甲
一伍長姓名　二伍長姓名　三伍長姓名　四伍長姓名　五伍長姓名
年貌籍貫　年貌籍貫　年貌籍貫　年貌籍貫　年貌籍貫
人役技藝　人役技藝　人役技藝　人役技藝　人役技藝

叁甲
一伍長姓名　二伍長姓名　三伍長姓名　四伍長姓名　五伍長姓名
年貌籍貫　年貌籍貫　年貌籍貫　年貌籍貫　年貌籍貫
人役技藝　人役技藝　人役技藝　人役技藝　人役技藝

肆甲
一伍長姓名　二伍長姓名　三伍長姓名　四伍長姓名　五伍長姓名
年貌籍貫　年貌籍貫　年貌籍貫　年貌籍貫　年貌籍貫
人役技藝　人役技藝　人役技藝　人役技藝　人役技藝

伍甲
一伍長姓名　二伍長姓名　三伍長姓名　四伍長姓名　五伍長姓名
年貌籍貫　年貌籍貫　年貌籍貫　年貌籍貫　年貌籍貫
人役技藝　人役技藝　人役技藝　人役技藝　人役技藝

某字號軍幾哨幾隊第幾甲甲長某

壹伍	伍長姓名	年貌籍貫	人役技藝
	兵勇姓名	年貌籍貫	人役技藝
	兵勇姓名	年貌籍貫	人役技藝
	兵勇姓名	年貌籍貫	人役技藝
	兵勇姓名	年貌籍貫	人役技藝
貳伍	伍長姓名	年貌籍貫	人役技藝
	兵勇姓名	年貌籍貫	人役技藝
	兵勇姓名	年貌籍貫	人役技藝
	兵勇姓名	年貌籍貫	人役技藝
	兵勇姓名	年貌籍貫	人役技藝
叁伍	伍長姓名	年貌籍貫	人役技藝
	兵勇姓名	年貌籍貫	人役技藝
	兵勇姓名	年貌籍貫	人役技藝
	兵勇姓名	年貌籍貫	人役技藝
	兵勇姓名	年貌籍貫	人役技藝
肆伍	伍長姓名	年貌籍貫	人役技藝
	兵勇姓名	年貌籍貫	人役技藝
	兵勇姓名	年貌籍貫	人役技藝
	兵勇姓名	年貌籍貫	人役技藝
	兵勇姓名	年貌籍貫	人役技藝
五伍	伍長姓名	年貌籍貫	人役技藝
	兵勇姓名	年貌籍貫	人役技藝
	兵勇姓名	年貌籍貫	人役技藝
	兵勇姓名	年貌籍貫	人役技藝
	兵勇姓名	年貌籍貫	人役技藝

某字號軍幾哨幾隊第幾甲甲長某

壹伍

伍長姓名　兵勇姓名　兵勇姓名　兵勇姓名

年貌籍貫　年貌籍貫　年貌籍貫　年貌籍貫

人役技藝　人役技藝　人役技藝　人役技藝

貳伍

伍長姓名　兵勇姓名　兵勇姓名　兵勇姓名

年貌籍貫　年貌籍貫　年貌籍貫　年貌籍貫

人役技藝　人役技藝　人役技藝　人役技藝

叁伍

伍長姓名　兵勇姓名　兵勇姓名　兵勇姓名

年貌籍貫　年貌籍貫　年貌籍貫　年貌籍貫

人役技藝　人役技藝　人役技藝　人役技藝

肆伍

伍長姓名　兵勇姓名　兵勇姓名　兵勇姓名

年貌籍貫　年貌籍貫　年貌籍貫　年貌籍貫

人役技藝　人役技藝　人役技藝　人役技藝

五伍

伍長姓名　兵勇姓名　兵勇姓名　兵勇姓名

年貌籍貫　年貌籍貫　年貌籍貫　年貌籍貫

人役技藝　人役技藝　人役技藝　人役技藝

某號軍符

軍陣職銜姓名
一哨總某　左長某　右長某
二哨總某　左長某　右長某
三哨總某　左長某　右長某
四哨總某　左長某　右長某
五哨總某　左長某　右長某

軍門號令

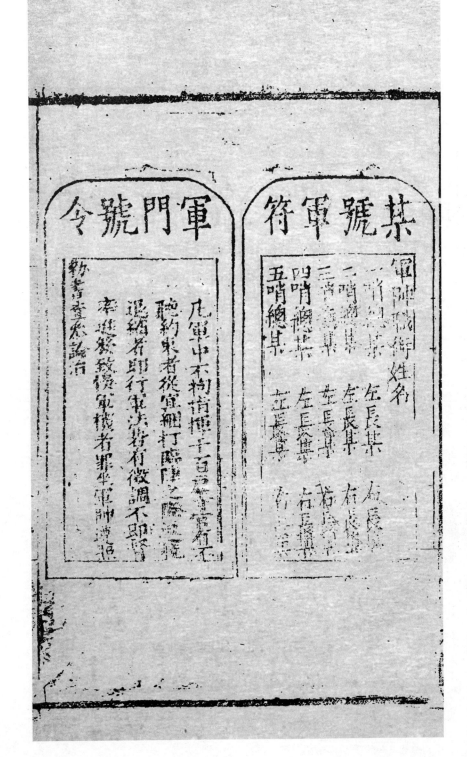

凡軍中不拘哨櫓千百總等官有不聽約束者從宜綑打臨陣之際逗遛退縮者即行斬決若有徵調不即齊來遲誤致悞軍機者罪坐軍師連坐
勅書查參論治

某號幾哨總符

哨總某衛所某官某名
隊長某人　二隊長某人
三隊長某人　四隊長某人
五隊長某人

軍門號令

凡同哨不拘千百戶有不聽約束者
從宜責治臨陣之際退挑畏縮者照
行軍法若有徵發比對字號相同不即
督同進發致誤軍機哨總處斬

某號幾哨左符

左哨長某某衛所某官某名
隊長某人
某人
某人

軍門號令

凡本哨有不聽約束者從宜細打臨陣之際逗撓退縮者即行軍法若有徵調不即督同進發致誤軍機者哨長處斬

某號幾哨右符

右哨長某衛所某官某名
隊長某人
某人
某人

軍門號令

凡本哨有不聽約束者從宜
細打臨陣之際逗撓退縮者
即行軍法若有徵調不即督同
進發致誤軍機者哨長處斬

其字號軍

第幾哨幾隊幾甲甲長姓
名年貌籍貫人役技藝
一伍長某　二伍長某
三伍長某　四伍長某
五伍長某

軍門號令

凡同隊不聽約束者從甲
責治臨陣退縮者即以軍
法綑打若有調遣比對字
號相同不即督同進發致
誤軍機者隊長處斬

其字號軍

第幾哨第幾隊隊長姓
名年貌籍貫員役技藝
一甲長某　二甲長某
三甲長某　四甲長某
五甲長某

軍門號令

凡同甲不聽約束
許甲長責治若有
臨陣退縮者連坐
甲長

其字號軍

第幾哨幾隊幾甲
幾伍伍長姓名年
貌籍貫人役技藝
同伍兵勇其人　其人
其人　其人

軍門號令

凡同伍不聽約束
許伍長責治若有
臨陣退縮者連坐
伍長

其字號軍

第幾哨幾隊幾甲幾伍兵
姓名年貌籍貫人役技藝
伍長其人
同伍其人　其人
其人

軍門號令

凡軍兵懸帶此牌
遺落更換者捆打
肆拾棍有所規避
作弊者軍法處治

軍門節制

一部分兵馬定立信地指授方畧嚴飭將領
中調度皆軍門之責也選兵練卒設伏出奇
決戰制勝者將領之責也今後臨敵之際倘
本院駐臨不妨面授若地方懸隔難行遥斷
後開節制主客接應游擊之規隨賊向往相
機截殺不得藉口禀報故違規避因而失誤
軍機者
國典具存決難輕貸仍要持重審發毋或輕率
寡謀陷賊奸計

一本院與各員備官均有地方之責而海防尤
寫專設所有條列事宜務要着實舉行共成
安攘之功以紓
主上南顧之慮即今防春之際必須親臨信地該
道既行大小官屬斷無安坐之理其諸瑣委
簿書當此急時宜在所緩諒體
國心同則經營自密無所倚於督責如或因循
故違本院知有盡職而已決無曲徇
一文武職官自聽令防春之際因此不許委用俱
以軍機事務敢有假託事故多將別項差

遣即係違抗規避遵照

敕書文官伍品武官肆品以下先行綑打然後棍

决不狥情

一將領守備不設致誤事失機者自有本律其

各該掌印文職均有地方之任若不預練鄉

兵嚴設隄備委責將領坐觀成敗致賊殘害

地方定以軍法綑打决不輕貸

一軍行糧從已經委有專督責任甚重須要預

先措辦隨地給足如或賊勢重大主客兵馬

一時會同勦殺聚在一處一應飲食草料必

須協同所在有司臨時設處合用餞糧一面
支給一面補呈不妨專輒若有自分彼此致
遠推託本院定行細打因而失誤軍機者従
律處治
一軍中之事有各兵備官以整飭戰備調度餞
糧有各叅總官以統率官兵奮揚威武共齊
文武正佐職官分任責成若能協忠懷
國共圖威賊宜無不濟有餘自分顧地內懷猜
妬彼事毀成率由於此今後但行如前致誤
事機者定行遵照

勑諭方面參將官參究其餘將領佐貳等官即時
拿問輕則綁打重則治以軍法

一各該將領主客援應雖已定有節制或有勢不能下意不相同地不相近者不無臨機設事參將兵備官責任總統務要相機督剿毋令自分彼此誤事一體坐罪不恕

一沿海列營水兵及馬步官兵本同一體但能控扼賊船即併斬不多功當均錄若自分水陸致賊深入罪亦同科各將領官務要同心共濟併力夾攻毋分彼此自貽誅戮

一各調到馬步軍兵不拘何處但入境內該管官即遵照節制編定部伍填註文冊呈報其經過止宿地方仍要加意約束令其嚴肅整齊即此可以考本官能否敢有恃勢搶奪動人一草一木者兵備道量情責治仍申報軍門以憑查究

一軍門賞格以衝鋒陷陣者爲首功擒斬首級者次之交鋒之際但顧殺賊不許貪圖功賞搶斬死級如或不遵節制冒越爭奪聽各該隊甲伍長禀報不准論功因而失誤軍機者

軍法處治

一賊船停泊地方敢有奸徒走遞消息傳送酒食資給者各該兵備將領不時體訪拿送軍門即時梟首示衆地隣人等知而不首皆[illegible]發鄉打一百棍仍用一百二十斤大枷枷號完警有能首告捉獲得實者即刻賞銀三十兩

一官軍臨陣斬獲首級當即送兵備官或就近委官紀驗明白積至十級二十級以上類報軍門其生擒賊人選差的當員役解赴[illegible]當

明白仍呈本院處治若係被虜人口當即給
親完聚賊屬發地方變賣充賞敢有妄殺冒
功訪驗得出依律處治
一軍中部伍本院已預行節制嚴飭號令若各
該將領能着實舉行即未便全勝斷無潰敗
之理敢有因仍故習不加意訓練至賊臨境
倉皇失措者条將官条究各將領等定以軍
法隨宜處治
一隊甲卒伍若有臨陣退縮各該將領能遵奉
節制振肅軍令即時斬首定衆者本院定行

奬罰給賞决不食言

一各將領軍兵屯泊要害互相犄角風汛之際務要嚴申約束加意隄防晝則輪流巡瞭夜則支更轉籌其或遇雨夜或遇陰霾或安營之初或戰勝之後尤恐猾賊乘機不可不戒須要慎遣間諜探報消息預爲先事之備毋令衝突如果賊勢浩大一面飛報軍門酌量調兵一面走報隣營摘兵策應仍將報到某營將領時刻緣由禀知查考其隣營將領不許推以信地爲名觀望逗留亦不許輩救離

次致使本地空虛賊得乘間要之我軍分合進止必隨聲息之有無緩急賊勢之強弱多寡既在將領臨時斟酌本院決不遥制

一倭奴初至經涉波濤神氣未定若各該水兵將領能竭力扼之水上及初登岸或馬步將領能客約水兵相機夾剿首挫賊鋒不致深入本院即據實奏

聞破格陞賞不在限級敘功之例

一倭奴詭譎善於挑戰我兵不練或怯而易動或貪而輕進今後各該將領務要持重預以

勁兵分布兩翼堅陣定立任賊逞威弄技勿輕與戰但令賊不得攻即是勝算主客之勢既殊勞逸之形且異情見計窮理無不克爲該將領務宜體此仍申告軍人各使知悉

一倭奴或聚在一處時出勁賊互換來攻我兵不知詭計全師並出更無後繼輙致潰敗今後各哨將領俱要量敵審機常使我軍分番應敵飲食俟期勞逸有斷又或密約近援併力夾攻或間出奇兵擊其陣後蓋賊入重地艱於得食我兵居内以飽待饑急於一戰不

計萬全非計之得也

一官兵奮勇破賊所得財物不論多寡盡數均給但賊多奸計恐有撇棄船隻撒放銀貨賺誘貪取因而脫逃衝突交鋒之際切不可一毫顧戀俟殺賊既畢方聽收取違者以軍法從事

一各營俱有定發兵器火藥等項各該將領務要勤加點驗如有損壞不堪者即便差人赴經該衙門照數取補其火藥利器務要整搠齊備常如對敵仍不時晒晾勿致陰濕庶免

臨期誤事

一凡同伍坐起眠食時刻不得相離仍要互相勸勉報效立功同伍心一則同甲之心一同甲心一則同隊之心一同隊心一則同哨之心一同哨心一則三千之衆皆一心矣如此而不能破敵成功者未之有也各將領等務宜體此申飭仍不時摘喚點驗但不在本隊及詰問鄉色秊同伍姓名不對者定行細打有所規避作弊及因而誤事者以軍法處治

一凡行軍下寨皆須嚴飭守備遠遣哨探識察

非常或卒遇敵人来攻及有道傍埋伏不得輙動又或遇賊口稱乞降及稱上司差遣賫朋探望兵勇投充等項俱要盤詰的實方聽進見不得輙近以戒不虞

一除守把小口管領官兵不及百數者各宜確守信地不得調發及各該把總備倭等官管領官軍二百名以上者但遇信地內隣近警報俱各留兵一半居守一半出援其邊將士兵衆遊兵備等官總統應援務要隨賊向往并力協心夾攻截殺不得藉口信地自分彼

此以致失誤軍機定行從重參論決無由徇

[illegible]令牌乃

定生殺重權非軍機重務本院不敢輕發今後

調兵督戰齎捧人員敢有恐嚇取財者綑打

一百棍因而誤事者即斬

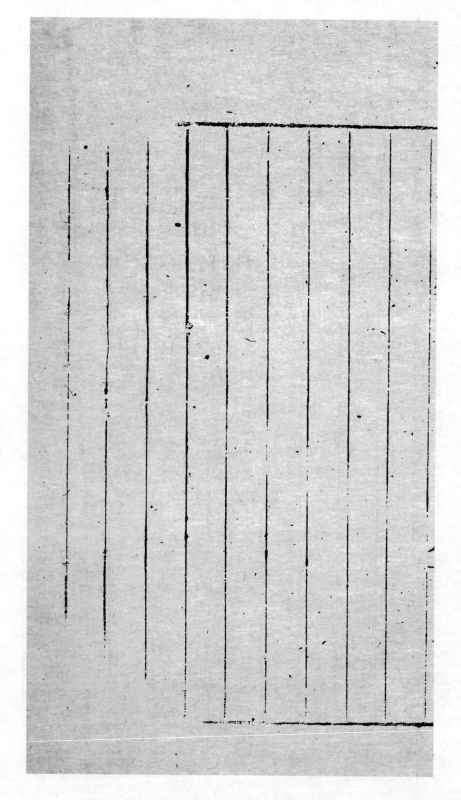

行軍號令

一違犯號令者斬

一泄漏軍機者斬

一臨陣退縮者斬同伍退縮連坐伍長同甲退縮連坐甲長同隊退縮連坐隊長若隊甲伍長登時覺察即行割耳定衆者免其坐罪

一凡官軍奮勇先登衝鋒破敵衆目共見者不論首級多寡先行賞銀壹百兩賊平後仍分與死級破格叙功

一凡將領等期約進兵敢有恃奸觀望不行策

應因而失誤軍機者斬

一凡交鋒之際但有拾取賊抛棄財物者隊甲伍長隨後割耳因而失誤軍機者斬

一凡臨陣之際只顧殺賊取勝敢有落後斫取死級者隊甲伍長隨後割耳因而失誤者斬

一凡軍中一鼓理器械二鼓齊隊伍三鼓聽號令敢有参差不整者細打三十棍

一凡将領宜各置出入信牌安營訖非給有信牌而輙擅出入營門者割耳守門人不舉告者細打三十棍因而失誤軍機者斬

一凡安營住隊常如對敵敢有私相往来及輒去衣甲器仗者照軍法責治因而失誤軍機者斬

一凡軍中敢有私議軍機及妄言禍福休咎惑亂衆心者割耳

一凡軍中敢有呼號奔走驚衆者割耳

一凡遣哨探敢有畏難推調及時刻違悞告報不實或非見賊至而輒傳報驚衆者割耳因而失誤軍機者斬

一凡樵牧汲水各將領宜定立號次期限若非

班次而假稱出入及該班次而輒擅遠去者

割耳

一凡劄營起隊取火作食敢有後時遲慢者照

軍法綑打

一凡經過止宿敢有攪擾居民及取人一草一

木者割耳

一凡軍中守夜巡夜之人各將領務夜宜密授

以相呼號色號色不應者即便收縛割耳果

係奸細及因而失誤軍機者斬

軍師符　凡軍中不拘指揮千百戶等官有不聽約束者從宜綑打臨陣之際逗撓退縮者即行軍法若有徵調不即督率進發致誤軍機者罪坐軍師遵照

勑書查叅論治

哨總符　凡同哨不拘千百戶有不聽約束者從宜責治臨陣之際逗撓退縮者即行軍法若有徵發比對字號相同不即督同進發致誤軍機哨總處斬

哨長符　凡本哨有不聽約束者從宜綑打臨

陣之際逗撓退縮者即行軍法若有徵調不
即督同進發致誤軍機者哨長處斬

隊長牌　凡同隊不聽約束者從宜責治臨陣
退縮者即以軍法綑打若有調遣比對字號
相同不即督同進發致誤軍機者隊長處斬

甲長牌　凡同甲不聽約束許甲長責治若有
臨陣退縮者連坐甲長

伍長牌　凡同伍不聽約束許伍長責治若有
臨陣退縮者連坐伍長

兵勇牌　凡軍兵懸帶此牌遺落更換者綑打

四十 棍有新規避作弊者軍法處治

[illegible]

倭患考原

倭患考原

一卷

〔明〕黄俣卿 撰

清抄本

倭患考原上

閩越人黃俣卿纂輯

洪武二年倭寇山東淮安及沿海郡邑

三年倭寇山東轉掠浙東福建旁海諸郡尋又掠溫州上遣萊州府同知趙秩賜璽書諭王良懷言倭寇海上書至日如臣我奉表來庭不臣則修兵自固秩至諭王中國聖主威德非蒙古比王具方物遣僧隨秩奉表稱臣入貢

按元遣趙良弼詸倭夷好語寔覘其國也既而

發舟師数千艘之比至一時風霆漂覆無遺類自是不與通者數十年至是秩至其國王猶疑為良弼欲殺之秩曰聖天子生華帝華非蒙古比云云乃得免

五年倭寇海鹽及澉浦與福建海上諸郡上諭劉基曰東夷尚禪教姑遣明州天寧寺僧祖門南京瓦官寺僧無逸往諭之王遣使同二僧入貢初令浙江福建二省造海船防倭

六年以於顯為總兵官出海巡倭是年倭寇登萊

七年冦膠州尋遣僧来貢無表文却之令中書省移
文責王
九年倭王遣僧歸廷用等奉表貢馬及方物謝罪上
賜王及使文綺有差已而覽表文曰良懷不臣詔
責之
十二年来貢無表文安置使人于陝西番寺
十三年令禮部移書責王数掠我海上遣僧如瑶来
貢馬復却之諸僧皆安置陝西番寺
十四年倭王遣僧奉表入貢乞還安置諸僧使詞甚

恭順上曰日本既謝罪還其使召至京師宴賞遣
歸
十五年倭僧歸廷用又来貢于是有林賢之變由故
丞相胡惟庸通日本謀爲不軌上怒貽訓絶之勒
碑寧波海堧不與互市
十六年倭寇金鄉平陽
十七年倭僧如瑶又来貢坐通惟庸發雲南守禦是
年信國公湯和致仕居鳳陽上召往築登萊浙江
沿海五十九城民丁四調一爲戍兵

二十年置浙東西防倭衛所復遣江夏侯周德興築福建海上一十六城設衛所燧堠調漳泉民丁為兵戍之

二十六年倭寇金鄉

二十七年詔遣都督僉事劉德商暠巡視兩浙防倭三月勅都督楊文魏國公徐輝祖安陸侯吳傑練兵海上防倭

二十八年倭寇金州會靖難後遣太監鄭和等率舟師三萬下西洋日本遣人來貢并擒獻犯邊賊二

十餘人即付使人治之縛至甑中蒸死
永樂二年使還遣通政使趙居任賜王冠服文綺古
器圖書又給勘合百道令十年一貢每貢副使等
毋得過二百人若貢非期人船逾数夾帶刀鎗並
以冦論居任還不受王餽上喜厚賜之尋命都御
史俞士吉賜王印誥冊封為日本國王名其國之
鎮山曰壽安鎮國山上為文勒石久之嗣王道義
卒子源道義嗣益奸狡時令各島人掠我海上
六年冦登州沙門島一帶鈔畧殆盡始置備倭都司

九年寇松門金鄉是年遣禮部員外呂淵諭王還所
掠海上人
十六年倭王遣使謝罪都督劉江時鎮守遼東繕海
上堠堡伏兵俟之
十七年倭船入王家山島傳烽沓至劉江率精兵疾
馳入海窩賊數千人直抵馬雄島進圍望海窩江
發伏出戰遣奇兵布伏諸山下斷其歸路賊奔入
櫻桃園江合兵圍而攻之斬首七百四十二捕生
八百五十七上召江至京封廣寧伯自是倭不敢

窺遠東

二十年倭冦象山永樂初西洋之役雖伸威海表而
華人習知東夷金寶之饒夷人来貢亦知我海道
奸闌出入華夷相糾以故冦盗復起非廣寧之捷
禍未已也

宣德元年倭王遣人来貢人船刀鎗不奉我約束上
諭使臣自後貢船毋過三舟使人毋過三百刀鎗
毋過二十否則不受

七年来貢如約東受之

八年王源道義卒上命太監雷春少卿潘賜等往弔
祭
十年嗣王遣使貢謝倭自得我勘合方物式器滿載
而来遇官兵矯稱入貢貢即不如期守臣幸無事
輙請俯順夷情主客者為畫可條奏即復許貢云
不為例嗣後再至亦復如是窺我無備肆出殺掠
滿載而歸未年海防大備賊不得間貢稍如約遂
許夷至京師宴賞市易飽恣其欲矣
正統四年倭禦漸踈倭寇大嵩入桃渚官庾民房焚

刼一空驅掠少壯發掘塚墓束嬰孩竿頭沃以沸湯視其啼號拍手笑樂捕得孕婦忖度男女刳視中否爲勝負飲酒荒淫穢惡不可名狀積骸如陵流血成川城野蕭條過者隕涕于是朝廷下詔倫倭命重帥守要地增城堡謹斥堠修戰艦合兵分畨屯駐海上寇盜稍息

五年倭突寇登州聞有備遁去

七年來貢

十一年倭寇海寧乍浦

成化初年倭忽至寧波知我有倫𤓰稍入貢守臣爲請于朝欲遣之至京楊文懿公守陳貽書張主客力言其不可許

正德六年宋素卿源永壽来貢求祀孔子儀注不許鄞人宋澄告稱素卿本澄從子叛附夷人法當誅戮守臣以聞主客以素卿正使釋之令諭王效順毋侵邊海

八年僧桂梧等来貢

十年倭焚沙門島等處光射南岍居民露刃者十餘

日
嘉靖元年倭王源義植無道國人不服諸道爭貢僧
宗設僧瑞佐及素卿先後至寧波故事凡番貢至
者閱貨宴席皆以先後為序時瑞佐後至素卿奸
狡通市舶太監饋寶賄萬計令先閱瑞佐貨宴又
令坐宗設上宗設席間與瑞佐爭忿相仇殺太監
以素卿故陰助瑞佐授之兵器致殺備倭指揮劉
錦等大掠寧波旁海鄉鎮素卿坐叛論死宗設瑞
佐皆釋還給事中夏言上言禍起于市舶禮部遂

請罷市舶而不知所當罷者市舶太監也然尋罷尋設如東夷有馬市西夷有茶市江南海夷有市舶所以通華夷之情遷有無之貨收徵稅之利減戍守之費又以禁海賈抑奸商使利權在上也罷市舶則利孔在下奸商外誘島夷內訌海上無寧日矣

二十五年以朱紈為浙江巡撫都御史兼領福興漳泉并福寧州地方紈清諒方勁任勞任怨嚴戢閩浙官員通番渠魁于是衣冠盜切齒詆誣惑亂視

聽必欲殺紈旋改紈為巡視陰遣言官劾訊紈憤悶卒所任將吏殺賊有功者皆論死繫獄是年海道副使柯喬都司盧鏜獲通番賊于走馬溪斬之船貨沒官叙功題請識者疑焉御史陳九德叅論駁查差官勘問皆擬重典後恤刑郎中陸穏乃奏釋之

三十一年浙巨寇王直勾倭為亂閩賊許朝堅洪廸珍亦誘合倭奴往来海上遂殘黃巖掠定海豕突刼掠閩浙騷動遣都御史王忬巡視兩浙兼領漳

泉福興四郡以都指揮俞大猷湯克寬為閩浙叅將剿賊顧兵政久弛將士耗鈍水寨戰艦所在廢壞悍經畧未幾羣盜總至棡寨列港分約諸島內招亡命勢益猖獗

三十二年俞大猷冒險出洋焚蕩巢穴賊首遁去羣盜流散乘風奔突倏忽千里温台寧紹杭嘉䕫松揚淮並受其害克寬統領步兵往来海堧護城捕賊斬獲亦多悍擒治奸豪破解支黨時論以為得策而通番奸豪又言悍大猷擣巢非計且摇動悍

忬薦盧鏜起為閩叅将代克寬克寬以副總兵屯金山閩人故忌鏜㐫險不可用南京言官又復薦鏜

三十三年倭犯江北海門如臯通州皆被殺掠是時復用盧鏜為叅将而以俞大猷為浙直総兵未幾工部侍郎趙文華以海賊猖獗請禱海神權相嚴嵩遂遣文華行禱公私勞費不貲皆歸囊槖比忬改大同巡撫徐州兵備李天寵代忬以南京兵部尚書張經提督浙閩江南北七省軍務經有文武

才是時柘林倭寇盈二萬公奏調永順兵一萬保靖兵一萬狼兵八千狼兵先到文華即欲擣其巢經與諸將謀咸謂不可欲待永保二兵至合擊之文華怒遂搆經通倭以聞數日賊出狼兵邀擊之不利經曰邀擊且不利況擣其巢乎及嘉興保靖兵至與戰亦不利經與大猷馳入蘓州督永順兵至平望與賊戰大破之賊敗走回王江涇保靖兵從嘉興追而北永順兵從平望追而南夾攻又大破之斬首三千餘級經且以百功歸文華文華悔

遣人反其奏已入矣乃揭報朝以賊爲浙兵投毒死也經功竟爲所掩遂與天寵皆詔獄論死西市以浙西巡撫胡宗憲代天寵以南京户部侍郎楊宜代經

三十四年寇福清海口殺數百人大掠而去

三十五年春廣盗蕭憲寇掠嘉定焚戮雪慘又有陳東者亦廣東人蟠據柘林周浦之間屢敗官兵三月盗僧徐海徽州人復引倭數千與陳東合攻圍乍浦進逼桐鄉時叅政阮鶚超拜巡撫駐兵桐城

被圍者經月京營左擊宗仁力戰死之官兵敗績烽火相望朝議以通運漕國留都護陵寢為急僉舉兵部侍郎沈良材督討趙文華以前祭海熟識夷情也因而自具疏請行嚴嵩急欲就趙功而虞其弗支以車駕司正郎郭仁佐之比文華至嘉興阮已破圍驅賊宗憲方因歙奸人童華邵岳等得徐海老母幼弟黃金白璧以感其心朱繼華轂以饜其志用招徐海海與東合遂舍桐城而屯呂港東屯新場衆且二萬餘結巢于乍浦城南之教場

及瀕海秦山之麓絡繹二十餘里胡與阮分布水
陸大兵輻輳四集屯劄要害徐海欲設詐謀歸與
通事蔡時宜等言願立功贖罪因誘賊首麻葉及
倭酋入見軍門而約我兵縛之後又執陳東來獻
而兼有其衆意圖易船回島以脫死耳時或中於
其術郭仁獨以為不可文華遂以乍浦為徐海之
衝使郭仁往守蓋投之死地耳然乍浦破于衆兵
徐海挾二妓及精倭二千餘奔據沈庄胡遣中書
羅龍文入賊巢易徐海來見至則跌坐階下環以

勁敵百餘各執利器莫敢誰何諸公議欲具疏縱海還島宣布天子威德使諸夷効順阮獨排衆論一意任勦尋有旨宜速勦除言撫者斬于是胡阮分兵屯劄扼賊諸衝遂舉火夾焚其巢海死于烈焰中莫辨其面召海二妓一名緑珠一翠翹者識之方知元兇授首將吏舉酒交慶有逸寇一十八舟竄入寧波邱家洋據山為巢官兵攻之屡衂阮獨率遊擊尹秉衡追剿斬獲甚多餘賊渡溫奔閩時九月二十等日也冬寇福建之漳浦

按吾學編有胡總制計擒賊首王直之語而不及焚徐海事余近叩朱都護先言直竟逸去盖朱當日在胡公中涓者言不予妄郭光祿南征寔畧亦云舟山劇賊若天不欲殲之每進勦必遇風雨也然卷末又有方議休卒伺隙以圖萬全之舉乃值趙連檄速還云云則縱虎遺患罪有所歸耳榆林之戍亦天道哉朱都護又嘗言胡阮二公初甚相驩也時以撫勦異議遂有微隙云

三十六年以浙江都御史阮鶚提督軍務廵撫福建地方閩有軍門自阮始是時承平已久民不知兵海寇山賊一時并發軍儲武備樓船火器之屬束手無資而衛所軍餘郡邑機兵廵司弓兵之徒大都市兒虛應阮至不避勞怨殫瘁厝施尤拳拳加意學校未幾出廵海上意在折衝詎倭數千由福寧三沙薄省南臺洪塘之間焚掠猖熾阮以力士陳成等數十人循海堧趣援會城行至吴航古嶺人馬困乏成等方進炒烘杯水為飡倭千餘遽集

阮馳入樂邑躬登樓櫓俾發矢石射敵連斃数酋
賊方散去阮乘夜取間道入省調浙廣諸兵與賊
戰于吉原西峽諸處輒奏斬獲賊驚訝曰阮兵安
得猝至閩耶急遁去冬復合漳賊数千屯于海口
阮督分巡道盛唐提兵營于綿亭出廣浙諸兵圍
之賊乘夜潰去阮督兵追勦于潯門斷嶼之間賊
赴海死者無算御史吉澄累以捷聞輒賜金綺會
海寇許朝堅謝策等勾倭突至漳州登岸焚掠阮
訪知有賊船灣泊南澚逼近詔安梅嶺皆接濟通

番之徒在馬督同各道親臨其地計獲八灣四姓巨魁何邦珙等二百餘名搜出各家違禁貨物會閲具題悉置于法士民翕然稱快九月延部山賊復起公躬督官兵征剿悉就禽斬于是閩省閭閻始有更生之望矣

三十七年有旨逮阮巡撫士論惜之由何邦珙等奸黨飛揭中傷胡總制修郤乘而陰擠云

按阮鎮閩日有獲賊疏及諭民約法二十四事詞極懇切足以見其拊循勞苦血戰艱難也迄

今閩中父老類能誦之當其時竟抱不白之冤
而僅以身免與蠅市虎亦可畏哉
夏四月倭合漳賊蹤連江踰北嶺復逼會城遂陷
福清縣城訓導鄔中涵被執不屈而死殺掠之慘
不可言狀適旬殘毀南安五月至泉御史樊獻科
率士民固守二十餘日賊攻永寧衛不得入流而
月港隨風飄至海口覆溺甚衆把總秦經國方坐
立功遇之擒斬數十級以贖失事之罪又海賊洪
廸珍謝策許朝堅等糾倭三千餘散刼諸村旋犯

詔安殺男婦百五十餘人

三十八年新舊倭奴結聚数千焚掠邊海兵力脆弱往〻陣亡二月焚刼詔安雲霄諸處三月焚刼長泰善化里攻其城不得入仍寇泉州掠南安破其巡檢司四月陷福安縣城殺擄男婦三千七百餘人轉寇福州五月陷永福縣城知縣周煥死之八月由長泰刼掠南靖諸村九月由龍溪突刼平和清寧里十一月倭千餘屯福清之上逕時巡撫軍門王詢委坐營都司朱先督率桑植土兵禦之進

戰楓亭斬倭二百餘級奪回所擄男婦二千餘人時論以為劉見之功王巡撫條奏安攘七事未幾以畏譏引疾去代者劉巡撫燾

三十九年倭掠福州省城外諸村城門晝閉者彌月劉巡撫下令大開之不禁往来者親督将領及家畜健兒邀擊于閩安鎮斬獲千餘級劉精騎射家健數十輩俱習戰各倭聞風遁去四月陷崇武據之四十餘日突寇平和泉州諸處皆以有備去又有倭五百餘徒自仙遊直抵永春破其邑及陷寧

德十月倭破福清金峰寨貢士陳道有　文甚哀
四十年春倭自漳州出掠同安及晋江與頭諸村又焚掠詔安東關外者三閱月住長泰者三十餘日旋復掠晋江南安諸村秋合土賊掠人於安溪轉寇泉州是時郡邑皆有備且多良守令雉堞無恙廣兵王鳳等作亂自江西渡關欲窺福州至茶洋聞省城有備不敢下劉单騎往諭還所擄男女七百餘人劉廵撫奏定兵糧以圖久安長治疏居亡何以糧乏兵疲才猷莫展自陳不職去代者游廵

撫震德

四十一年是年倭寇閩者有四䑸一泊寧德之雲淡門一屯興化之江口諸村一流突同安南安諸村分黨圍福清一自漳州突屯詔安二月倭襲陷永寧衛城者再殺傷軍民焚掘房墓刼屍勒贖脅從數萬于是漳泉之間禍尤慘矣四月倭進逼興化郡城是時游巡撫敗賊于江口汪兵備道昆敗賊于囊山漳泉土寇稍聽招撫殘黨流倭屯于福清興化寧德塞路四至軍門告急于浙江總督胡宗

憲八月遣參將戚繼光督兵援閩戚有制之師首殲倭于橫嶼再捷于牛田連破六十餘營于興化之涵頭先後斬級三千餘顆是時寇汀延諸賊各守巡道勦撫之其寇連江之倭合福寧新倭連陷寧德壽寧政和三邑獨松溪縣城不一得知縣王賔力禦之戚寧奉文回浙是時胡總制亦躬至建寧聞牛田之捷而返十月潮賊吴平糾倭陷福建之玄鍾所城十一月新倭圍興化府城者適句游巡撫將遣步卒往援皆以天兵為名號先差二健

齎符驗期會詼道翁時器倭于途殺二徤令土人詐稱奉差進城期于某夜舉火為號則天兵至矣且戒不用巡警是時士民城守久困得其符驗以為寔然至期乃倭從城之東隅舉火而入于是城陷倭駐其中者兩閱月金帛子女擄掠一空

按野史有莆變二紀蓋自元至正間迨嘉靖壬戌莆城凡再陷郡人宋曰仁最稱其詳今按莆志于陷城事文多隱飾亦勝質之史哉

四十二年春倭陷岐頭鎮城而據之又陷平海衛城

屯住其中指揮歐陽深戰于東蕭死之軍門累疏乞以戚繼光充福建副總兵部覆從之百姓始有更生之望游疏陳兵務三事

按倭之内犯皆土賊為之嚮導如永寧衛之陷則泉賊李仵觀江益瘋等誘之也永春之攻則謝愛夫黃元爵等誘之也浦城之寇則饒賊張璉蕭晚林朝曦等誘之也其為患最大者則王直徐海誘倭以犯浙吴平曾一本林鳳之徒誘倭以犯閩廣所在皆然莆可知矣亦何怪于以

有天兵而敗哉

四月軍門譚綸至有新倭欲赴岐頭平海之黨總兵劉顯俞大猷邀擊之斬首二百餘級適總兵戚繼光亦至二十日譚直抵平海懸二萬金以賞衝鋒之士乃分戚與劉俞兵為三哨歃血矢心僇力並侵晨有黃雲東起白霧瀰山兵已合圍賊尚未覺逼巢縱火鏖戰烈焚死竄無算捷聞告廟陞賞有差其他各處殘倭縣有斬穫是時計功戚兵斬級一千二百二十顆救回被擄男女二千一十二

名口劉兵斬級四百九十四顆救回被擄男婦一百八十名口俞兵斬級四百九十六顆救回被擄男婦一百八十八名口一時副將材官如胡守仁楊文通王如龍將百清傅應嘉朱珏張元勳趙國柱朱璣張勳金科歐陽樞馬應龍陳其可顧喬李超王道詔安縣知縣梁士楚及蹶張之士有朱文達姜虎王濟胡世芳首膺衝鋒破敵之賞樹功尤奇云十二月倭攻仙遊縣城未下軍門以王如龍胡守仁分兵斬獲一千餘級其機宜號令一聽于

戚總兵尋擊長樂賊二百餘級

四十三年正月倭攻泉州安平鎮城三日不克聞戚兵且至奔往同安二月戚總兵督王如龍陳濠耿宗元及總哨朱文達姜虎等追剿于王倉坪又敗之于蔡陂嶺先後斬級五百餘顆其遁伏岩谷者類被鄉兵芟薙殆盡五月潮賊吴平假以招撫為名突據詔安縣梅嶺堡刼掠諸村是月譚以補制去巡撫汪道昆代之是時屢捷之後兵威甚振春汛路寨各有斬獲

四十四年有新倭于泉州永寧衛沙堤登岸刼掠指揮白希周王世寔把総馮煥等擒斬一百名級又倭于烽火門福寧海岸流突李起胡守仁等攻之斬級三百餘顆把総姜虎于鹿灣梅水漁洋南山柳溪地方斬獲一百餘顆六月潮賊吴平率倭数千圍攻詔安知縣梁士楚禦退之吴平者先係総兵俞大猷撫回梅嶺向在南澚殺賊報効因四十三年二月閩廣二省有會勦之議遂遁于海傳應嘉等擒斬二百四十八名顆吴平走廣海桐山

把總鄧銓追之傅應嘉與叅將湯克寬舉兵夾勦又斬級一百四十五顆吴平復于廣海糾聚賊徒大小船二百餘隻北犯玄鍾圍執把總朱璣兵船盤據南澳譚軍門會戚總兵馳赴漳州督傅應嘉統魏宗瀚等追勦吴平駕遁出海七月復来十月戚摠兵親督陸兵渡海率寨路水陸夾攻先後斬級二千餘顆生擒叛賊陳進卿等及俘獲無筭譚與御史李邦珍會題善後十二事

四十五年春倭船百餘突至泉州永寧各澚時戚兵

正巡沿海遂截殺之而潮賊吳平餘黨林道乾曾一本之徒復寇閩中矣時晋江撫賊謝愛夫至家益肆有勾倭再動之念知府萬慶計擒而殺之

隆慶元年春有倭三船自東南外洋駕入閩海王如龍追剿斬級三十八顆又一夥于南日海壇乘間登突把総朱璣追剿斬級七十九顆

二年秋海賊曾一本由廣入閩擁衆流突是年五六月間駕船自高雷至廣城外公然刼擄肆志横行至建醮于海珠寺者幾晝夜以發貢佛狼巨銃發

射廣城聲不輟如雷重城堅閉官兵莫何搶造戰艦聲震隣封至是駕船二百餘隻黨衆数萬侵玄鍾閩軍門塗澤民會揔兵李錫督調水陸官兵来擊于柘林雲盖南澳等處三戰皆捷斬級七百五十九顆焚溺不計把揔朱璣趙記王世寞死于陣曾賊僅存三十餘船遁去奏聞陞賞有功将領朱璣等贈恤立祠是時廷議令閩廣二省會兵夾勦曾賊以兵部侍郎劉燾陞右都御史揔督兩廣福建軍務以監察御史紀功兵部主事王倖協議機

宜與揔兵李錫俞大猷計畫舉行十一月把揔姜虎于潮州黃岡城斬賊四十餘級

三年春倭船分䑸于浯嶼銅山烽火諸處叅將張元勲都司王如龍呼良朋楊文通陳琳顧喬歐陽樞張奇峰等攻捕斬級三百一十七顆獲船七隻四月曾賊突入詔安東林地方把揔楊文通擒斬三十四級姜虎于南澳雲盖寺截殺計斬級一百八十三顆生擒二十名義勇沈英奮管督漁船擒斬生倭昭三郎等六月初四等日官兵進勦曾賊焚

溺船賊大半福兵斬級五百三十八顆姜虎調往柘林攻賊斬獲二百餘顆廣兵斬獲　名顆廣東捴兵郭威督參將王詔等會合閩兵乘風徑進斬級五百顆生擒曾一本觧至潮陽梅溪身死餘黨悉平

是時兩省用兵閩累獨甚轉輸供應耗費不貲且一時製造巨船一百二十隻又爲廣東造福船八十隻窮山巨木斬伐無遺大姓墓村合圍以上亦盡濯濯騷動襍沓甚于倭後之時云

四年春汛小埕水寨把摠葉文選等于信地海洋先後擒斬真倭一百一十四名顆七月廣東海賊歐老擁衆突窺銅山古雷地方殺掠兇横把摠揚文通督兵攻剿擒斬三十餘級賊遁回廣軍門塗澤民題奏經畧地方十事

五年春廣寇揚老擁船至玄鍾海洋覘知水陸有備至秋遁去把摠王濟五月于龍岩寺斬倭百餘級

六年春汛秦經國追剿南賊及衝沉倭船于烏坵海洋截剿倭船于料羅灣把摠沈英奮又攻獲倭船

于詔安之徐渡社叙録具題各賞賚時漳州府同知羅拱辰議呈開番舶之禁通商販之利以窒亂源以裨軍餉軍門殷從儉行之有奏定歲額軍餉疏沿海小民各遂活計云

萬曆元年潮賊林道乾乘春汛駕船奔突漳泉海洋竄據彭湖徑投東番蓋前因兩省軍門之招撫而不敢為非後因與劇賊朱良寶相圖不克心懷疑懼故也其黨林鳳最黠代領其衆四出流突六月至萬安奪百戶侯焯所領兵船五隻至烽火寨信

地破鑑江塘頭二堡至松山後港把總劉國賓哨官鮀尚忠等戰死

二年五月兩廣軍門舉兵討平叛賊朱良寶因會閩省軍門夾勦林鳳

三年夏五月海壇遊兵把總郡岳南日把總方策擒斬真倭于牛山東洋計六十餘名顆

四年林鳳逋誅駕大䑸賊船百餘隻在東海乘風突至彭湖地方惠潮道遣官馮伯才等往招槩被殺害聞兩省兵至新港林鳳以輕舟四十餘號直走

西洋呂宋福建巡撫劉堯誨與興泉道參議遣浯嶼道哨官王望高等于二月計往呂宋諭其國王以番兵戰船攻鳳于玳瑁港獲賊總黃德許元二首級奪回婦女三十八口及鳳賊謀主林逢春同回呂宋國王遣僧入貢方物軍門具題遣王望高等再同番僧人等往擒林鳳鳳于九月駕遁廣潮軍門督行興泉二道會總兵胡守仁嚴督參將呼良朋把總秦經國等以十月自浯嶼開駕與廣潮參將吳京兵船合䑸追勦擒斬攻擊賊船過半若

計日可殄滅者適廣東惠潮道致書胡總兵令兵且緩進聽本道招撫于是兩省議論不協而林鳳之生死竟不可曉矣殷有酌議兵食疏是時鳳賊有偽總馬志善等奔入潮陽告降乞招故惠潮道有緩兵之議或者謂其納賄縱寇云

恤援朝鮮倭患考附

友人陳生英偕李甥大年既梓余所纂集倭考矣究于朝鮮事如耳食也客有示以許遊戎東征諸刻及叙功疏讀之然後得其梗槩用約畧為全書俾附鋟焉

萬曆十九年倭寇朝鮮其酋關白平秀吉春夏之交閩人番商許豫陳申朱均旺等報警時當事者疑其為倭間幽陳申于獄尋出之

按倭呼關白如漢大將軍之稱平秀吉貌若獼

猴短小多智初為人廝養卒以狡譎事山城君得幸官至関白未幾弑山城君自立為王襲取三十六州多用利誘畀驕狙詐之術

二十年四月倭分夥大寇朝鮮兩月之間席巻七道國王避于義州上疏乞援廷議以侍郎宋應昌經畧事務總兵李如松提督南北兵共四萬餘名往李係寧遠伯成梁長子為人勇敢機敏方平寧夏哱承恩之亂遂移師董東事時設三副將為三協而諸偏裨近二十員云

二十一年正月初八日李如松親率南北兵克復平壤副将楊元先登小西門軍聲大振倭奴胆落遂連克開城進次碧蹄舘李如松以數勝之餘鼓兵長驅誤入倭伏得弟如梅如栢等突圍救出是役也先勝後敗兵氣漸餒遂遣沈惟敬行購初欲愚倭後為倭所愚惜哉

二十二年召宗應昌李如松還京撤散東征各兵而遣臨淮侯李言恭亂子宗城為正使副将楊芳亨佐之沈惟敬晋官遊擊兼其役賫勅印往封之冀

其撤倭還國不擾朝鮮也宗城至行長釜山營察倭無受封意且倨傲遂夜遁廷議因之改楊方亨為正使沈惟敬副之

是年福建軍門許孚遠總兵朱先防海甚嚴倭不為患第歲祲民頗艱食無賴之徒櫻粟大都數縣嗒然軍門擒其首鄧三輩斬于市閭閻始安許有禦倭須知刻于倭奴入寇情形大畧具矣

二十三年冊使渡對馬島抵山城國親見関白関白

勞賚甚厚勑印亦棲受但其志不在封封之不足
愜其望遂禮辭方亨等歸以大衆尾之渡海分屯
釜山晉州各要害
二十四年朝鮮告救月凡數至遂以侍郎邢玠晉秩
兵部尚書經畧其事晉僉都御史楊鎬經理朝鮮
御史陳効監察之設三司道二贊畫四總兵調南
北軍兵共十萬餘名偏裨近三十員蓋重其事是
年不尚書石星于獄死馬論斬沈惟敬東市以其
悮國也

福建軍門金學曾檄諸司葺城池精器械修艅艎
復烽堠增營伍挨驍張察探偵一時將領畢力効
命海洋無警金有八閩撫政漁船事宜及閩海兵
防諸刻尤詣禦倭長策
二十五年朝議徵兵四方羽檄旁午兵部題調福建
水兵二千朝鮮督撫特疏生名取都司許國威領
之行國威夙負忠勇雅富韜畧先為遊擊備倭遼
左習知地利夷情時以忤封使落官至是得檄慷
慨揚綏但自閩之朝鮮程一萬三千里兵士行役

者有如棄市臨發父子兄弟相送哭聲慘動天地
國威以鄉語慰諭衆藉無恐且御兵有紀所過安
堵秋毫無犯甫至王京即從攻島山受贊畫丁應
泰誣害雖才猷磊落不竟所施蓋應泰讎楊鎬而
國威鎬之故人也故波禍及焉鎬精騎射勇略冠
世是冬親督六師攻圍清政島山寨破其外柵困
之凡九日清正請降乘之許適倭救至我師退舍
丁贊畫遂乘機修怨鎬罷官歸里先是八月倭合
夥攻克南原副將楊元喪師三千六百人馬如之

廷論棄市衆論究之謂其平壤先登之功未酬也
倭進至稷山國王將遁黄州海上楊鎬遣將解生
楊登山等戰退之追至慶州斬級有差
是時邸報有奏議云軀命難同爪菓敝袴必待
有功故爵賞一端明主斤斤愛惜今有事武夫
暴骨于原野儒者袖手于廟堂無事則遊魂沙
漠者未沾片語之温而因人成事者濫沐踰涯
之寵欲以勸天下之勞臣斯已難矣此許給事
弘綱疏也又云前有勁敵後有吏議設身而處

當事之地回頋盡是危機故東事不壞則已壞則由事中人兩蹤由前則撫臣分别功次太叅使侥倖者妬功避罪轉相鼓煽而閫帥已被操戈由後則贊畫粧點敗衂失真使耳食者疑功為罪疑罪為功而是非如辨穴鼠此陳御史効疏也余每讀此一增感慨又喜公論直道之在人心因摘録于此以資捫虱者之高譚.

是年七月福建銅山把総張萬紀擒斬通倭劇賊無䖏老等六十餘名于井仔灣

二十六年閏金軍門遣人偵倭虛寔得報閏白已死首具奏聞時我師分中東西水四路並進東路以總兵麻貴率之攻島山清正營中路以總兵董一元率之攻泗州石蔓子營西路以總兵劉綎率之攻順天行長營水路以總兵陳璘領之塞其歸路刑馬為盟誓師決戰會倭果以閏白死撤備奔喪勢窮力竭諸寨俱遁各路追擊于海咸有斬獲遂班師叙賞云

按叙功疏內開載自丁酉九月以後洎戊戌九

月以還除損失官軍兵馬器仗各有奏記外計中路前後擒斬活倭二百五名顆東路擒斬倭級一百五名顆西路通共擒斬倭級四百七十八名顆水路通共擒斬倭級一千二百三十四名顆焚溺生倭及船隻器械尤多

閩越人曰余生于越長于閩用竊有感焉夫閩與越皆隣倭之國也倭之為患無時無之嘉靖之季猖獗甚矣壬辰之擧不我而東者倭豈陰厚吾閩越與哉蓋其精神在朝鮮未遑他及也及其罷衆歸

島又值主幼國疑酋相雄長自圖不暇耳藉令彼國內寧則虎豹終日不噬寧不嚙草木以肆其毒乎必以隣為壑也乃今濱海之民不倭之是慮而恒冀倭之至者又豈治安景象哉抑聞之兵法曰無恃其不来恃吾之有待余嘗與通倭貳師遊海上窺其為倭備者舟可用乎器可用乎兵可用乎三者而皆無之大都狃于故習了延歲月而已善夫許遊我之言曰隋唐之主席其富强嘗以數十萬之師加于朝鮮矣然竟無成功關白以奴隷之

孑孓髡首跳踉之夫一渡釜山直搗王京空其畿郡勢如破竹者何哉尚文墨而畀武畧習承平而忘戒備故也然則為閩越桑土衣袽之思者盍亦以朝鮮為前車可乎噫嘻吁余真杞人也憂天良可哂哉

附倭俗考

日本古倭奴國其國主世以王為姓漢時來朝歷東漢魏晉宋隋皆入貢唐咸亨初更國號曰日本其地數千里西南至海東北隔大山有五畿七道

以州統郡附庸之國百餘

其俗男子黥面文身不衣裙襦横幅結束相連不施縫綴女人衣如单被穿其中以貫頭皆披髮跣足其王至隋時始制冠以錦綵金玉為飾

其人不竊盜少争訟飲食以手而用籩豆用蹲跪為恭敬死者親戚就屍歌舞為樂既葬舉家入水浴潔以祓不祥

其兵器有矛楯木弓竹矢以骨為鏃灼骨以卜吉凶信巫覡好奕博握槊樗蒲之戲頗崇儒書有好

學能詩文者尤信佛法有五經書有佛經白居易

集皆得自中國右見寰宇記今按其器如鳥嘴銃燕尾箭皆以銅鐵為之尤精良

其山鎮曰壽安鎮國永樂初御製文賜刻碑

其產金 琥珀 水晶 硫黃 水銀 銅鐵

白珠 青玉 羅木 杉木 水牛 驢羊 黑

雉 細絹 花布 石硯 螺鈿 細扇

其貢馬 盔鎧 劍刀 塗金裝彩屏風 洒金

廚子 洒金、文臺等物右見大明一統志

東夷去古未遠人毅而直刑簡而峻俗貧而寡竊

男子蹲而溺女子立而溺幼則披髮長則禿之婦推其髻于後富貴家食稻衣錦貧而下者衣楮茹粃糠而已其敢于內犯者猶吾濵海亡命時亦刼奪倭夷聞耳又云其國即扶桑出日處故名日本有扶桑禪林第一寺右鄭良珍說良珍閩之積善里人嘉靖末與其弟良珏皆被倭掠去踰二十年所附中山王封貢而歸嘗面質其所言不妄也

其地似魚形長二千餘里濶古百餘里田少山多民居沿海空地捕魚為生以土山削峻為城郭酋長居于山上房屋無磚瓦皆草板遮蓋其王畿內

商買富盛餘國荒寂善殺戮無論老幼貴賤俱佩長短二刀男子留後鬓毛髮不着裙褌鞋婦人挽髮跣足草染黑齒身服五色花衣亦多粉飾為容喜溪僻云

其音語與中山瑠球相通

其上下文移往来書札只四十七字音韻相類者通用

倭情考略

倭情考略

一卷

〔明〕郭光復 撰

明萬曆二十五年刻本

倭情考畧序

今

國家之稱難禦者無如倭與虜矣顧倭情與虜情異虜性悍倭性狡虜善騎而其來也奔哮若猛虎倭善步而其來也延蔓若遊蛇虜陣用正而善合其戰利亟倭陣用奇而

善分其戰利緩虜輕而一無親勝不相讓敗不相救無律謀而少勇勝不思敗敗一復此倭虜情之大較也顧在禦之者何如耳相提而論禦倭似猶易於禦虜焉何也虜僅界一邊耳一呼連合數萬輕騎直抵居不用屋

食不用火勝則長驅席捲敗則解
甲迴矣此其来去之權虜猶得而
制之若倭越在海外裹糧揚帆必
仰藉天風及渡海而港汊叢雜淤
沙綿亘無停舟駐足之地則登岸
之難比登岸而不得土人為嚮道則
則深入之難暨其圖歸也吾以計

焚其舟而彼之歸路立絶矣則逆國之難此来去之權似不為倭用而我可得以制之故曰禦倭猶易也先年汪直輩犯浙直卒為梅林諸公所大創一時奔潰之衆即我牧夫市兒咸持梃石擊傷之卒令無一倭生還者夫非以歸路難乎

令倭竊據朝鮮雖日窺伺我
中國然年来沿海一帶稍稍有備矣
彼豈遽敢稱兵入犯即入而我水
戰以挫其先鋒焚舟以絶其去路
倭豈能得志於我哉惟是江北承
平日久民不習見兵革一聞警息
鮮不股慄則以未知倭情故也兵

瀍貴知彼知我夫所謂彼我者情也知其情則知有所以禦之可無懼倭矣不佞叨守維揚愧之綢繆計每閱籌海編及舊所考聞得其倭情之畧因彙集成帙而授之刻曰倭情考畧刻成遍布軍民俾知倭情大槩若此萬一入犯彼以其

狡我以其謀伐之彼以其竒我以其正破之彼以其分我以其合勝之彼以其緩我以其亟攻之隨機應變可羙倭奴於掌股之上當使牧夫市兒仍持尾石擊傷之令如先年無一倭生還可也誰謂禦倭難哉

萬曆丁酉夏四月方城郭光復書

于維揚公署

倭情考畧叙

海南諸國倭為冣強悍其人輕戰樂死且黠而多智自

國初不以荒服治之然向者入訌志在俘掠而已今其形勢張設大非昔比蹂踐我屬國僞為乞封而尋倍盟窺伺之心殆將叵

測雖狀倭即来無能爲也
聖朝億萬之儲積之
内帑者將悉發以繕兵燕越彯擢武
猛控弦扼虎之士雲集遼左怒
髮磨牙將蹈籍關白之肉而飲
其血恨不速擊之爲快島奴不
悔則隻艑不返之禍耳所深慮

者沿海編氓靡識倭狀將以爲
是魍魎不可知之物氣先奪而
彼得以伺虛恐喝肆志焉昔年
倭直擣揚之海安民跪受屠戮
若乂草菅裸辱婦女有少年恚
甚攀大杖奮格殺之于是衆驚
喜曰倭可殺歟則相與挺刃追

遊而數十倭之命殲于食頃故倭亦人耳知者易之不知者懼之是以兵法知彼知己百戰百勝知倭者知其狀知其術知其嗜好知其言語知其狀可以辨知其術可以趨避知其嗜好可以餌知其語言可以諜則倭情

得矣語曰百聞不如一習蠶形似蠋然女子執蠶丈夫見蠋而毛起不習也如捕蛇師雖夢蛇而不怖畏習之也習則無懼而後可制人而不制于人得勝筭焉

郡侯一陽郭公守維揚以揚東

貿海爲
陵京門戶創于甲寅壬子之變乃始
練勝兵三千積粟二十萬石而
楊爲有備猶慮民不習倭嘗思
以壯其氣客有涉海來者諜倭
事甚悉秘以授公遂掇其要畧
合倭患考策倭議而并梓之其

情狀嗜好音聲恍然倭在目中此刻既成須之大都通邑遠所谿谷俾田父牧豎抵掌而談倭事其來也雖三尺童子思折箠驅之又寧有逭奪精魄如嘉靖之季者哉公治都有勸雅約守揚議練兵城守輯要與此書並

行彬彬質有其文武焉夫足食足兵以寄一方之命非俗吏任也蠢玆島夷其毋乃知中國有人哉

揚州府推官龍溪徐鑾謹撰

倭情考畧

方城郭光復纂集

東皐郭師古校正

維揚當南北咽喉爲

陵京重地門户且商賈舟車之所走集也故倭往往窺揚

而謀國防倭者于揚尤加之意焉洪武癸年倭入寇

命湯和築海上備倭數城而如皐掘港始設備倭軍

與通泰興化等所並列意深遠矣嘉靖壬子汪

直引倭寇閩廣吳淅延及江北自甲寅至巳未

九六載始罷時承平日久民不知兵兵不知戰揚屬槩受焚掠殺害之慘及後兵練備脩倭來輒殪鮮生還者今倭何敢輕來即來何能爲哉余竊以朝鮮近事度關白舉動謂倭不來則已來則今昔情異而備之有難易焉昔倭以千百爲羣衆不逾萬今來必擁大衆昔倭志在搶掠滿載則歸今來必圖攻取昔倭衆無統紀敗不相救今來必奉將令進止此今昔倭情大較也昔倭情若彼故利其入而擊之而出海諸口可

扼今倭情若此尚縱之入則難驅矣故禦之外洋勿令近岸禦之水濱勿令登岸奇策也待倭入港登岸之初急擊驅回勿令殘害岸上居民上策也堅壁清野縱倭淺入扼之要害而殲之中策也如不能扼之要害竟被深入雖能殲滅亦得失相半是爲下策今民衆勢難收歛兵少地難分布無論下策卽中策尚恐難支勢必出于上策奇策而後爲萬全此今昔難易之辨也且就昔倭觀之初之長驅者何非以我兵人各

爲戰乎後之挫敗者何非以我兵協力爲戰乎夫鏡往可以知來也今欲决策禦倭以保内地者其必申明協應之令乎以江北海上大勢言之外洋則大小羊山浪剛丁興蛇山以至南之下八山馬蹟蘇竇盤蒲罟陳錢北之靑峰等處皆入犯之倭艤舟取水者汛兵出哨能于此協力拒倭乎倭當水食將竭之時我得主客勞佚之筭矣過此而濵海東南則崑角嘴呂四餘東大河口江家盧家金沙西亭石港掘港新插港角斜

塲等處東北濱海則廟灣雲梯劉莊姚蕩安東
鹽城蛤蜊麻線港等處江海門戶則狼山左右
各港皆有水上防汛舟師及各信地官兵可水
陸恊力扼倭者果能于此扼倭不令登岸功與
外洋不令近岸者同竒也卽聽其登岸或尾其
後或懸其前或擣其左右不得深入殺掠而走
之海中功亦上矣如謂倭衆登岸地曠難制則
當如中策扼其要路如皐丁堰海安三路倭所
必由也昔年調兵屯守成規可倣多兵犄角自

能阻遏況南有狼山總兵北有廟灣叅將貳兵
亦可遥爲策應乎至于江邊登岸即爲村落非
海濵沮洳可比故通州狼山以西如任家港灰
港竪河天生石莊黄橋周橋新港瓜洲儀眞等
處尤必不可容之登岸者如謂江洋浩渺倭從
中流直上兩岸兵易推諉誤事則泰興以南靖
江以上適中之處擇永生壹洲設立舟師營寨
責之哨防上下策應兩岸使倭不北登不西向
似爲得策見今議行可蚤决也水陸遊兵隨在

追倭勿分遠近信地主兵左右合殺勿相推諉申著爲令敢不同心又如鼓瀕海竈勇以尾截倭之往來收江海鹽徒以爲我羽翼不爲倭用雖曰舊議亦可資其協應者推協應之議而廣之則一境受倭而鄰境應之一府受倭而鄰府應之江北受倭而江南淮南應之令倭隨處受敵首尾不及相顧則我可百戰百勝倭卽有能將擁衆而來我乘未入先挫其鋒且令不得踰皐泰以窺揚況揚以西哉或謂海外戰功人鮮

知見曾有被掩不録者即登岸驅回功誰稱奇
必内地勦倭其功方顯况倭入一飫其欲無心
戀鬬破之亦易昔戚劉諸將多用此成功今胡
柳爲下策耶噫此功利畏怯之徒不顧民社倡
爲此說而不知倭深入内地受禍已深即功成
破倭然此焦頭爛額之輩安可與曲突徙薪者
道耶兹宜以今鑒昔圖難于易合畀爲同明示
約束責成汎防官兵嚴立觀望逗留縱倭深入
之罰重水戰及登岸戰功之賞務行奇策上策

而以中策爲後應可也

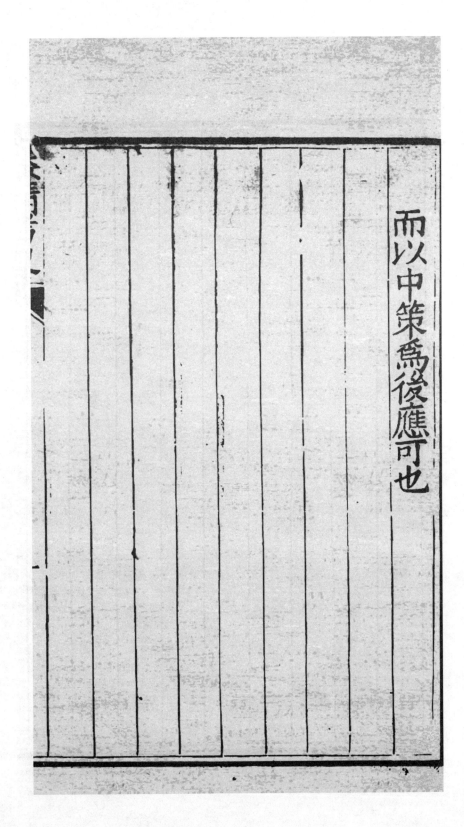

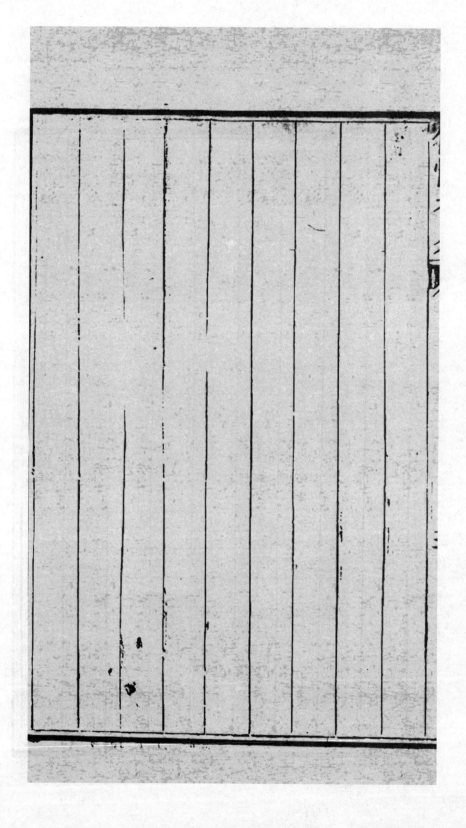

倭國事畧

日本即古倭奴國也去中土甚遠隔大海依山島爲國邑隋書記在百濟新羅東南其地形類琵琶地勢東高西下東西數千里南北數百里九州居西爲首陸奧居東爲尾山城居中乃彼國之都也其國君以王爲姓以尊爲號後改稱皇初居日向筑紫宮後徙山城國文武僚吏皆世其官有德仁義禮智信大小拾貳等及軍尼伊尼翼諸名山城以東地方廣邈雖倭奴遠服

賈者不能閲歷而知況華人乎故其島之數可
考而其間廣狹至到有不能考者今姑據之所
聞者而述之山城之南爲和泉又其南爲沙界
沙界之東南爲紀伊紀伊之西爲伊勢山城之
西爲冊渡左爲攝津左之西爲攝摩右爲但馬
右之西爲因幡冊渡西爲美作左爲備前左之
西爲備中右爲因幡右之西爲伯耆美作之西
爲備後之北境出雲之南境備後之西爲安藝
出雲之西爲石見安藝石見之西爲山口國即

古之周防州也山口之西爲長門關渡在焉渡此而西爲豐前其南爲豐後又其南爲日向豐前之西北爲筑前西南爲筑後筑後之南爲大隅大隅之西爲薩摩豐後東南懸海爲土佐爲伊豫爲阿波阿波相近懸海爲炎路土佐豐後之間爲佐加關薩摩之北爲肥後又其北爲肥前肥前西懸海爲平戶平戶之西爲五島北爲多藝爲伊岐爲對馬島其西北至高麗也必由對馬島開洋南至琉球也必由薩摩州開洋順

風杀曰其貢使之來必由愽多開洋歷五島而入中國因造舟水手俱在愽多故也貢船回則徑收長門因抽分司官在焉故也若其入寇則隨風所之東北風猛則由薩摩或由五島至大小琉球而視風之變遷北多則犯廣東東多則犯福建若正東風猛則必由五島歷天堂官渡水而視風之變遷東北多則至烏沙門分艅或過韭山海閘門而犯溫州或由舟山之南而犯定海犯象山奉化犯昌國犯台州正東風多則

至李西嶴壁下陳錢分䑸或由洋山之南而犯臨海犯錢塘或由洋山之北而犯青南犯太倉或過南沙而入大江若在大洋而風㰟東南也則犯淮楊犯登萊若在五島開洋而南風方猛則趨遼陽趨天津大抵倭船之來恒在清明之後前乎此風候不常屆期方有東北風多日而不變也過五月風自南來倭不利於行矣重陽後風亦有東北者過拾月風自西北來亦非倭所利矣故防春者以三四伍月爲大汛九十月

爲小汛其停橈之處焚刦之權若倭得而主之
而其帆檣所向一視乎風實有天意存乎其間
倭似不得而主之也第此在往時則然若今𥨸
擾朝鮮無論風向東西南北皆可揚帆入犯此
中四時皆當防汛矣大約向之入寇者薩摩肥
後長門三州之人居多其次則大隅筑前筑後
博多日向攝摩津州紀伊種島而豐前豐後和
泉之人亦間有之乃因商于薩摩而附行者也
日本之民有貧有富有淑有慝富而淑者或登

貢船而來或登商船而來凡在寇船皆貧與惡者也山城君號令不行徒寄空名於上非若我中國禮樂征伐自天子出大一統之治也山口豐後出雲闢三軍門各以大權相吞噬今惟豐後尚存亦不過兼幷肥前等六島而已山口出雲以貪滅亡欲望彼國之約束諸夷斷斷乎不能也

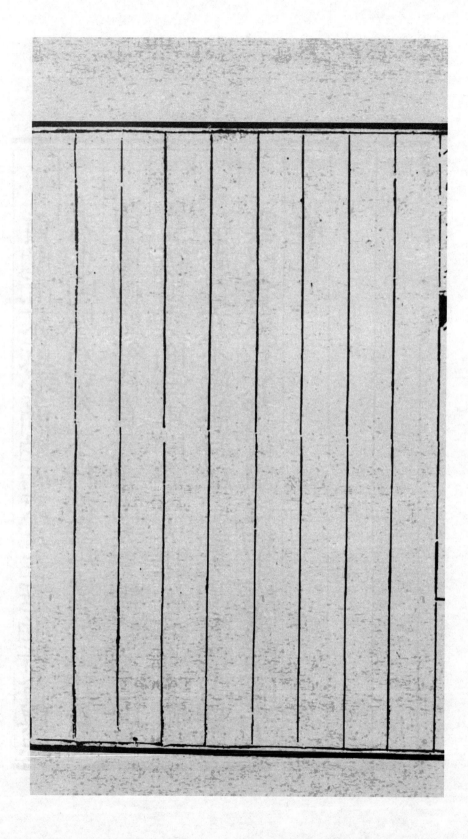

倭患

自嘉靖叁拾叁年來倭入犯我淮南無論數拾次其四路焚劫得利者固多亦未聞陷我城池至我兵抵死血戰爲我所殺傷敗走者亦不少其得失勝負蓋相半也用兵者知彼知我知其所以得失所以勝負而全倭在吾目中可制挺以撻之矣故志之

嘉靖叁拾叁年倭始犯江北

壬子癸丑年倭先在吳浙肆掠甲寅年賊首徐海號明山者汪直之黨也殘破江陰等縣仍屯松江柘林分掠江北

叁月倭入掘港犯如皐主簿潘闓士奇率鄉兵迎敵於豊家莊擊敗之又倭掠丁堰已又犯縣北極門

復敗之

時縣未有城池富民擺奔揚泰城中及四鄉逃匿惟鄉兵及貧不能奔者恐倭至焚掠奮勇遠出禦之先曹莊殺死叁倭已又至縣治北鄉兵夾河且行且作又合戰於倉東倭箭傷我兵數人我兵戀戰不退且市兒亦持瓦石自陣後奮擊倭亦多傷北遁縣吏追斬一酋首時賞格未立知縣陳雍吝賞兵各解体未收全功

肆月倭困通州城郭參將守却之

困城月餘時城外民居大被焚掠常來攻城郭參將隨機應變禦之一夕倭驅被掠者運頭妌書樓所積羣書塡城河將渡擊退又用佛浪機在南河樓上對城次打城上用小濕被褥遮之彈不能入又一夕來約次日伍鼓攻城郭參將慮暗夜難防密令司更者延期至天明陷擊參

皷倭原傳衆肆皷造飯比聞炮皷太乂起視大巳明矣急攻各門獨用壯倭負巨木門扇瀰矢石以攻南門甚急城中從容禦之解圍而去又鄉民義勇曹鼎者勇力過人手執竹鎗數杆迭衝殺倭常以一身橫衝倭衝殺倭數拾人令之不得追殺奔逃者所全活以數千計屢戰輙勝倭最憚之後卒死于倭東南鄉兵戰功鼎為第一至今通人祠祀焉

倭屯掘港肆掠守備張壽松楊縉先後禦之壽松無功楊縉亦敗績

先鹽院黃公國用者遣守備張壽松禦掘港倭松觀望不進巡撫鄭公曉者又命守備楊縉戍如皐縉提兵獨往當之兵辟陷于淖中敗績倭追及縉射渠魁殺之始免

伍月倭犯如皐主簿闞士奇率鄉兵迎至東陳鎮

敗之已又窺犯縣治值潁州甲兵至擊敗之

時如皋鄉兵不滿伍百常戰却倭倭恨之仍遣諜探縣市路徑東陳之戰獲倭倭佛郎機貳座又每次望見皋兵陣中有紫大人在馬詢被擒者知神助陣凡遣諜以鐵針釘各神像足以厭之期數路並進陷縣謀泄民正惶懼忽值徐道調潁州鐵甲兵伍百適至倭以漸近遂迎至蔣舖禦之倭奮勇力戰我兵不退殺倭拾餘級內一酋身被百餘鎗始斬其首秤重貳拾陸斤倭長一枝在前弓射不傷人乃嚙指驚懼遁去盖自入犯以來始見甲兵故也此來聲勢甚大非甲兵至危矣

城如皋海門泰興瓜洲

巡撫鄭公建議請城瀕江海衝要處以備倭也

叁拾肆年肆月倭犯海門知縣趙鄆率兵敗之

時有盧家等場灶勇協力故能成功

伍月叅將喬基等擊倭於呂四場敗之

基與都指揮張恒通州同知印寀統兵夾擊獲功中多協從平民云

叁拾伍年肆月千百戶戚繼爵等提兵戍通州狼山禦倭死之

揚州衛千戶洪岱文昌齡領軍至通州遇倭死之

時通州告急各處未設將官洪文二千戶領軍援通州至西門遇倭誤認爲迎接人役也失于防備遂致束手遇害

倭薄揚州城都指揮張恒千戶羅大爵曾沂禦之千教塲兵潰死之

時倭一從瓜洲入一從新港入一從通州入一日報倭至薔薇港人不知信次日又報倭至霍家橋本府見倭來逼近急出牌催城外居民入城次日倭至東關奔逃者爭渡河不得將沿河北走又遇北路倭至被殺及溺死者數千人橫屍斷流血浸數拾里皆愚民不早歛避是以受禍比倭渡河西四散放火殺掠衛官張恒等愴惶領兵列營教塲中未敵輕出擊倭忽見有揮扇持刀連倭單行入教塲後門者官兵不知爲倭也及後見其形狀不同始知是倭倉卒點鋭放箭無能中倭者倭徑前進我兵漸退倭忽吹號揮衆圍殺我兵潰敗恒等俱死于圍中倭乘勝追敗兵出縣門遇戴家樓上集山陝善射鹽客亂射之倭始退去仍出新巷四掠時小東門

城上守者見倭躲入慴甚幾潰非鹽客射退倭必攻門矣

伍月倭犯瓜洲民夫擊走之

時壚鹽脚夫百人見倭即用扛奮擊倭不能當各弃刀仗逃走傷倭頗多土官目為脚兵云

倭復犯揚州府同知朱裒等死之

先次掠揚之倭屯舟江干入掠滿欲捉市民負載送入舟中矣恰餘日後倭復至揚裒與高郵衛經歷晏銳率千戶賈勇應襲男恩及官兵出城渡河東禦之忽被倭衆一擁前來殺散官兵將裒與銳擄至井巷口被害至今巷口立雙忠祠祀之有倭據坐演武廳城上用佛郎機擊倭火藥延燒小東門城樓倉皇自救倭亦稍退大東門外及缺口鈔關一帶先後大被焚掠又燒毀鹽堆無數惟西門一帶未經倭患

倭至儀眞五里鋪

倭將西犯儀眞縣行至五里鋪望見一紅面巨神立馬持刀橫截去路倭詢被擄鄉民知是關神倭畏退東奔至今其地立關神祠祀之

無爲州同知齊恩與倭戰于圌山之北江中死之

恩陝西隆德縣人祖繳知四川蒲江縣殺賊有功與貳子俱死于賊

詔爲立祠恩蔭入國子監授序班遷河曲知縣樂寇脩邊有功撫按保留久任九年考績遷無爲同知閱東南久罹倭患竭忠圖報練兵衣械一毫不取于民長江賴以保障倭犯上流奉檄郎率子孫叔姪兄弟凡拾貳人領兵赴敵一至圌山郎身先士卒鼓衆而前殺倭數多倭遂畏懼奔潰乘勝逐北悞中倭計戒子姪曰一死莫惜圖成功以靖國難舉家赴敵至于力竭勢窮又

日兒輩勉存宗祀吾與此倭誓不與生由是次子齊嵩等肆人得脫恩與長男尙文孫童叔仲實弟寶榮姪友良及大鄉力戰不屈俱死于倭一門忠義自有倭患所未有也人以爲克繩祖武云

副使馬愼追倭于狼山敗之都指揮鄧城又敗之

倭遁出江愼追敗既而鄧城又追敗沉其舟拾伍是年犯北之倭凡五而庙灣之倭尤劇副總兵盧鏜叅將劉顯士舍人彭志顯屢進攻之倭遂敗遁

增建楊州東關城成

叁拾陸年肆月倭攻海門縣應襲百户俞憲章苑之

倭遂乘勝西犯通州如皋等處

倭攻如皋城固守却之

時倭大舉約貳千餘犯城列陣拾餘里刃光耀日喊声震地且近城河趕殺人民以示威從來倭入不過千百乃擁衆之盛自此始鄉兵在城見倭沿河殺人放火憤欲縋出城下一戰署縣姜通判以寡衆不敵固止之倭放箭及鳥銃入城者以數萬計城中士人不畏競擁上城觀倭僅傷叁人城中得矢近萬餘見城守嚴謹隨焚掠北去

伍月倭又攻如皋城擊却之

此後至之倭叁千餘衆夾河奔城追我探馬幾及之因近城得脫倭復捉我數人殺之仍各持門扇自蔽放箭攻城先次倭攻城時府署官恐激倭困城禁止城上勿放矢石人皆不平至是

官始傳令擊倭矢銃齊發擊傷一巨酋倭橐去焚之時城上箭發如雨倭遁往北去所過一路焚掠

倭犯揚州參將王完伯禦之于河東轉戰至鐵盤廠敗之

王完伯山東人謀勇出衆所部徐兖馬兵精鋭善戰先聞倭報設伏于上年倭來路徑待之不意倭從瓜洲至缺口河東完伯恐其西渡難與交鋒乃一面調兵馳伏于灣頭鐵盤廠地方一面親領貳拾餘人誘倭倭見其扶病臨戎遂追戰不捨完伯令兵且戰且行引至伏處騎兵一起衝倭陣爲數段鼓衆攻之殺死多倭傳令事完方許下馬割首倭勢大敗有馬公子者自募家兵突來混搶首級亂我兵營陣倭得逸去揚城之戰惟見此舉足寒倭膽至今人羨服之

倭入寶應縣

倭見揚州東關及瓜洲俱設添城堡不得肆掠乃從高郵至寶應縣縣舊無城焚掠殆盡後始建城

倭犯天長都指揮沃田把總岳君寵與戰死之

陸月副使于德昌參將王元伯劉顯擊泗洲倭破之倭遁出海追至安東廟灣又敗之

時倭掠泗洲爲官兵所敗德昌等會擊之顯身先士卒殺衣紅倭首一人羣倭大亂元伯督兵乘之倭大潰敗追及于舟所水兵復自下應之倭死者無算而倭遁出海總兵劉顯敗之于安東千戶汪時中又敗之于廟灣匣子港倭竟遁去

叄拾柒年叄月調山西邊兵叄千戍如皋游擊丘陞統之

時土兵客兵不能平倭故疏調邊兵駐如皋要冲防備丘陞山西偏頭關人屢世戰將種也特重善射御軍有紀臨陣聲色不動身先士卒所統山西一千皆披甲騎馬善戰河澗保定府赴邊義勇二千皆善射地方賴之兵春至秋歸凡伍年始罷

叄拾捌年肆月倭犯海門通州副總兵鄧城敗績

時狼山新設制總兵舟師兵器未備所募淅兵多未經戰倭突泊海門楊樹港鄧城一戰折兵肆百餘名城兵延邏倭尾莫敢攖其鋒

倭犯丁堰毛兵敗績千戶王良臣戰沒丘陞擊

却之

此楊樹港倭也初來日過白蒲至丁堰鎮毛兵邊兵障于兩河倭見河西毛兵单弱因往衝擊毛兵毛兵力戰斬數倭忽倭自溝中襲其後衆遂驚潰千户王良呂忠敗死毛兵來百止存陸拾叁人丘陞隔河勒兵救之斬倭拾餘級但部兵盡割被倭殺死毛兵之首報功不早禁止雖事竟發覺不許論功而令毛兵身首異處慘矣

倭犯如皐城丘陞背城擊敗之鄧城再戰敗績陞

復追擊敗之

初玖日倭貳千餘薄如皐城海防兵備道劉公畀韶仗劍臨城督署縣府通判姜壽固守仍令遊擊丘嵩率兵背城一戰斬獲首倭并生擒壹拾叁名內獲一酋乘輿名四大王者倭遁入襲

家莊距城叁里丘陞將馳兵攻圍之鄧城遂至再三爭欲乘邊兵戰勝之威再戰立功以雪前恥陞不得已聽之倭見通州營兵列陣子爵北阻其去路遂大呼乘之城又折兵貳百餘陞急馳兵救之又斬柒級倭遁直犯泰興一夜殺死鄉民男婦一千七百餘名口此時城不獨當倭陵則陞必成功民何受此慘害故人皆恨城坐軍法論死

倭犯盧家塲千戶汪時中擊却之

倭從大河口呂四塲登者以千計據盧家塲時中與把總張大義台兵圍之大義意欲困之且待諸兵齊至然後進擊時中奮然曰我等既受委任坐視倭之肆害民之荼毒而不肯前向也大義固沮之遂與有隙時中单騎提雙刀突入倭營斬倭數人倭大驚異相雇錯愕莫敢誰何似有嘆羨其勇而欲收用之意時中統倭營後倭[illegible]之部[illegible]往救之倭大敗走爲之喪氣

參將胡宗義與倭戰于海安兵潰千戶趙世勳鎮撫韓徹死之又副使劉景韶統邊兵追勦盡殲之

此拾肆日事也時海安先調有毛葫蘆立營守之毛兵素貪宗義新任無紀毛兵爲倭所餌而敗官兵皆潰世勳與徹死于陣提督李公遂檄召副使劉公景韶率兵陞邊兵逐之斬虜一百二十級時我兵亦損四十餘人倭奔北去官兵陳忠等復追敗之倭奔張家莊官兵圍之因從火攻焉倭奔新州官兵後追敗之俘斬盡絕約二百伍拾有奇其別支在曹家莊亦爲景韶所敗奔潘家莊景韶復斬絕

遊擊丘陞圍倭于如皇城西周宣莊倭潰圍遁

此二十一日事也倭被邊兵追殺勢窮奔至周宣莊房內又驅兵運草塡門放焚之倭狡計析

壁留半窺我兵解甲弃戈運草備防忽然排壁中出傷軍八十八失兵器無數陸急索馬親手射死數倭方免時攻圍三日夜值大雨如注軍困敝矣陸督戰甚力期盡殲之倭窮計生是以得出我不意逸去

副使劉景韶遊擊丘陞追倭至泰興新河敗之

此二十八日也斬首九十顆隨擢丘陞爲揚州叅將

陸月又禦倭于如皐西場敗之又擊却倭于姜堰鎮東

時江南逸倭復犯通州長驅而西副使劉景韶以兵扼如皐溗河斷倭西行遊擊丘陞先在西塲伏兵待之倭果徜徉而至我騎兵張兩翼以冲其腋大砲摧其中堅一餉時斬首三百餘級

倭賊奔仲家莊園之三日缺其一面倭不敢遁凡斬大酋首以下一千五百二十七級生擒十五人至於西場有平倭塚在又別枝倭突犯姜堰鎮陸綄兵遮擊保全之倭遁往劉莊及七灶河

倭自竪河犯如皐

倭三百從江直上入竪河港登岸一路焚掠犯皐東門時丘遊擊兵在舊場止留蔭子在皐子欲单騎出戰署縣者曾受陞屬慮其輕敵不肯開門放出且固止之人皆壯其膽勇

劉景韶綄兵追倭于劉莊場等處盡殲之叅將丘陞首倡衝鋒戰殁

此二十九日也時倭賊近萬逋至劉家莊墻院景韶督七營官兵圍困莫敢先攻一夕忽見大

星墜地次日陞獨挺身单騎殺入倭巢巳手戮三倭各倭擁出以長鎗羣刺之馬上短兵難敵官兵不發援應致被重創時分宜當國向軍門索賂軍門又索之將官故陞不得不尅餉以應由此軍心離異觀望不進陞傷重墜馬部將救出巳不能言馳送回阜調理至海安氣絶將領哨及隊長哭聲震地月餘不止殯歸之日姜堰居民感其捍衛家爲祭哭阜人思其功立祠春秋享祀焉

捌月副總兵劉顯曹克新等敗倭于白駒場

倭既爲劉景韶所敗遁入白駒場官兵圍之四面逸出復爲官兵敵退回守其巢顯身先陷陣倭死者百餘乘夜遁大海沙州顯復陷陣攻敗之倭潰走走則陷沙塗中官兵又敗之俘斬千餘

倭遁廖角嘴甬副使熊桴敗之

倭爲劉顯等所窘將遁出海總督胡公預檄蘇松兵備副使熊桴率舟師設伏海上至是倭逸官兵敗之總兵盧鏜又追敗之

叁拾玖年正月軍門唐順之閱兵海上城海安鎮

時各處倭衝惟稱掘港要害順之登湯潮岸見掘港一湯三面皆海念守禦軍士勞苦急取牛猪等物賞之值知縣童蒙吉初任未備即欲以軍法處斬士民爲之哀告乃以未當二月開刀期責而寬之又因見海安一鎮爲倭入衝要遂夾河爲城議設兵守之自後倭因前來鮮生還者不敢復犯而我兵防亦漸撤

倭術

倭奴之勝我兵專以術也即以其術還治其人不必用古兵法蔑不勝矣故志之

倭養十歲則學刀學弓學我

大明文字四書周易古今韜略唐詩通鑑雜記等書然雖學而文理不通以病終爲辱以陣亡爲榮平日敎子弟皆曰十歲百歲皆同一死寧可殺賊而死不可退縮而生短衣短袖跣足剃頭長刀短匕日隨於身鬪鋭鬪弓以贏錢名曰賭博射箭負重以奉神名曰賽願其戰攻也自兵自

糧將後兵先善用伏兵多張旗旛以壓敵氣一
兵十旗者有之異粧服色以驚敵心牛頭鬼面
者有之勝則長驅不顧敗則喪膽亂奔勝不思
敗敗不思復長於陸戰惟知亂殺短於水戰不
識火攻最懼急攻惟喜緩戰將無定數之兵兵
無隔月之糧空國出兵不知襲後之禍負重遠
戰不思待勞之兵善行賂金反間之計得則奪
之善結同生同死之盟得則忘之善假和詐降
以破敵國善鑿穴穿穽以陷敵城假仁仗義貪

𣅀無厭法無大小毫罪斬首薩摩關東之人剛直而善戰京洛畿內之人多姦而善謀敵寡則氣倍敵衆則自危有戰無陣有殺無制我相其機而破之甚易也

倭夷慣爲蝴蝶陣臨陣以揮扇爲號一人揮扇衆皆舞刀而起向空揮霍我兵倉皇仰首則從下砍來

又爲長蛇陣前耀百脚旗以次魚貫而行最强爲鋒最强爲殿中皆勇怯相參

賊每日雞鳴起蟠地會食食畢夷酋據高坐衆皆聽令挾冊展視今日刼某處某爲長某爲隊隊不過三十人每隊相去一二里吹海螺爲號相聞即合救援亦有二三人一隊者舞刀横行薄暮即返各獻其所刼財物毋敢匿夷酋較其多寡而羸縮之每擄婦女夜必酒色酣睡刼掠將終縱之以焚煙熖燭天人方畏其酷裂而賊則抽去矣愚詔我民勿使邀擊專用此術

賊至民間遇酒饌先令我民嘗之然後飲食恐

設毒也行衢陌間不入委巷恐設伏也不沿城而行恐城上抛磚石也

其行必單列而長緩步而整故占數十里莫能近馳數十日不爲勞

布陣必四分五裂故能圍

對營必先遣一二人跳躍而蹲伏故能空竭吾之矢石火砲

合戰先以數倭陷陣勝則群擁以進不勝必俟我兵爭取首級而乘之故常勝

衝陣必俟人先動動而後突入故乘長驅戰酣
必四面伏起突遶陣後故令我軍驚潰
每用恠術若結羊驅婦之類當先以駭觀故吾
目眩而彼械乘慣雙刀上誑而下反掠故難格
鈀鎗不露竿突忽而擲故不測
弓長矢巨近人則發之故射命中
竪其弓而以弓稍置足面故箭行緩而人易于
避接
歛跡者其進取也張揚者其逊遁也故常横破

舟以示遁而突出金山之圍造竹梯以示攻而
旋有勝山之去將野逸則逼城
欲陸走則取艀
或爲穽以詐坑
或結稻桿以絆奔
倭敗走必沿路草堩中留伏佚追兵過伏處則
回首逆戰令我兵首尾受敵
或種竹簽以刺逸
常以玉帛金銀婦女爲餌故能誘引吾軍之進

陷而樂罷吾軍之邀追

俘虜必削搪而結舌莫辨其非倭故歸路絶

俘虜或剪髮押行夜則鎖閉故歸路難黠者常

乘倭熟睡而解鎖踰戶以逃生故防閑密

夜宿必收群刀束之一處以防故盜用難

恩施附巢之居民故虚實洞知

賞豐降擄之工匠故器械易具

細作用吾人故盤詰難

向導用吾人故進退熟

宿食必破壁而處乘高而瞭故襲取無機間常一被重圍矣餌以僞醎而逸之或披蓑頂笠沮溺於田畝或雲巾紵履潛遊於都市故使我軍士或愚而投賊或疑而殺良

江海之戰本非其所長亦能聯虛舟張旁簾以空發吾之先鋒捐婦女遺金帛以弭吾之後遯

倭船多用蒲草編筏浮於左右爲兩翼故遇風難於覆溺

凡舟之艣櫓左右悉裹布帛被褥而濕之以拒
焚擊交関間或附篷而飛越卽雷震而風靡矣
寇擄我民引路取水早暮出入按籍呼名每處
爲簿一扇登寫姓名分班點閘每遇戰分派我
民爲先鋒以當鋒鏑寇還島滿載皆云做客回
矣凡被我兵擒殺者隱而不宣其隣不知猶然
稱賀

倭語

此中無通事其倭語率不曉辯然其出没號令即秘密必見之詞我人熟習其語或以偵探或以間諜可知備矣故志之

天文類

天 天帝　日 虛露　月 秃計

星 付泥　風 有朱加前　雲

雨 挨迷　霧 吉利　雪 計伏六依計

霜 名末碎滿　落雨 挨迷付曾

時令類

早耀朱迷梭稷榮 夜搖落 午非路

晚搖撒田午 明挨介水 暗骨辣水

冷三亭水 煖挨掇水 今日詐以呼

明日挨迷亞失日 後日亞撒里 昨日傑奴

前日阿多堆 日暮非故路路 今日來个阿鄉俚

明日來挨戍打俚 後日來挨殺核阿耶俚

地里類

地大樣兊智 山羊賁爺賁 水明東

海烏彌 沙何吉大水 石依水在木古

火非　鄉羊埋俚　江打各計

方向類

東熏加　南迷南來　西義西

北尤几俚　前日皆門利婆　後吾失利

珍寶類

金空措泥　銀失禄措泥　珠他賁

錢前移　黄銅中若佐　紅銅鶯更楷尼

水銀明東楷尼　好銅錢姚禮善尼

人物類

皇帝 大利天王 家里　官 大米烏野雞　百姓 別姑常

公 翁知　大官 大大烏野 雞　婆 循蒲翁妃

父 阿爺　母 發發　兄 挨尼

嫂 阿尼尤尼　弟 阿多多　妹 亞泥多土沒 多

姊 亞泥　嬸 完多　子 莫宿哥

姪 何義　女 莫宿哏　孫 阿奚胡來

丈人 子多　丈母 子多謬　叔 何治王官老 前

丈夫 壽山　婦人 倭家倒　老 禿古要个

男子 何奈公姑　後生 倭家達　孩 歪鼻

親眷 新雷　姐夫 不哥迷　朋友 道門太聖滿門大帝

女壻 米哥　僕 三三字郎　小廝

和尚 才老烏索　老實人 埋骨多　艱難人

強盜 六宿鼻隨　瞎子 眉骨頼　獨眼人

你 撫哥了梭里　誰人 搭梭　我 何埋俚阿奴利

徒弟 加食難　財主　妻 斗烏賣　賊 陸宿人

外甥 萌哥　長子 難解水　媳婦 嫌妙報

長 吊　年少 華蓋　主人 床杲朶

生得醜 魯歪失　聰明 力哥　貴 他介水

賤那塑羊鑠　富烏多哥　貧腮東旦

乞丐寬霈計　好淫梭羅　年紀一故都

麻子莫入胥水　村孫　拐科水非計

生得好眉眉月光眉眉姚水

人事類

要披水水　不要依也　立達子

等待埋祖　眠羊達路烏將 眠卒　拏去來底殄古

拏來未低吉反俚未得哥巳　相攖括計括盆

亂說思量胥多莫話介反俚　看覓見迷路

不迯何埋解卻賣 嬉挨核蒲 坐移路阿將梭

病羊埋依子 揖 罵覔彼計乃俚話鸞䙡皮

鼾因彼計 詈烏論羊埋水烏鸞爺計 睡密路

去漫陀羅懶俚旦多 在何故伊慮何打路 不在論速持疎

來何耶俚吉人 便來羊佯地何耶俚慢陀的如

回來慢慢的耶俚 便去密路 快來發下何耶俚法古

迯與我面皮 愛惜搖落紅滿 怕倭疎路路

出去一一計 前行殺雞倭 行挨龍門

喜一啜水兆羅打歩 說話未納恕打俚 怠慢難利骨多罵山奴

飲 那慕　獨樂 哥賣　羞愧 幡叻山水 水
喫 何賣利　安排 蘇路　不來 未旦盧賈 矢
走 法古　快去 法古計　打人 生亞達達 个
借 朕路各夾　買賣 烏禮加　不喫了 禁哥
唱 嘔天　莫恠 哥面乃禮　多喫酒 何賢鼻 旦
教 何水尤路　喫酒 麻黑殺雞　那里去 陀姑移 姑
添 所有路路　行路 的益磨滅　曉得 个个俚打 夫火
賣 烏路無六　吽人 多奴　老實說話 買多 益多
痛 一軦水　起身 倭達的援　多多喫了 前行 哥

遊西孫步　還了誚也數　不曉得借賴路不夫打

殺其奴瞎咀郎　請人家那攤多　慢慢的得買得買

害天　不賣烏魯賣家　恁麼難烏禮在

肚饑勲大路水　哭乃占　多少一故賴介

打胡子　有情亞姊吉乃　無情乃水亞姊吉乃

醉邀帶　換皆賀　無工夫水一孫擲

恠固發糠旦多堅　死身大　腫刺大

喚加右　笑歪罷　活吉打

買加利　輸埋計打利　傷寒雞骨

寫字加計

身體類

耳眉眉　口骨上　鼻發奈

眉賁　手鉄　足揆身

心个个路　頭客成賴　鬚薰計

髮措撻夾迷　肚發賴　指尤皮

爪卒撻　齒法

器用類

小刀曆過乃空容打乃　中刀歪計柴需　大刀泥中撻打奈

刀柄脫介俚　甲太買路　弓油米

盒子剛白哥　紙楷袂加迷　硯子孫助俚蕚力

砂石楷路依水　筆粉地　墨踈煤

薄紙沃鸞子　扇黃旗　鎖哥利素

厚紙沃速水　船浮泥　針快利法利

鑰匙坑其　鏤難皮　磨刀石依水

泥銅扇法古黃旗　篇花雞　泥金扇空楷泥黃旗

等子葵介俚　小箱法哥　硯箱哥孫助利法

酒盞驪加藤　鋸拏剛斃利　碟驪賴沙賴

銀硃失祿挨檞木　鏡坑皆彌　枕麻骨賴埋骨賴

麝香躰哥　漆烏論水　蓆不奴

木香木哥　傘隔落隔曬　盤何水雞

沉香沉哥　筯法水　碗倭吉貼彎

酒瓶哭笋昆皮　梯課水飛計　香宣哥

衣服類

衣服類乞麻俚类　靴化骨都　鞋水托里失其里

箬帽搓婆俚　錦歪帶　氈衫迷奴

手巾達昴介　綿布木綿　夏布奴奴線

被伏思麻

飲食類

茶解素　酒曬箕　白酒明東曬箕

燒酒陽辣曬箕　老酒福祿曬　飯客黎

飲酒曬加乃　鹽失河牧河　喫飯蜜黍阿羅

醬彌沙　米科眉科眉　油挨蒲賴

大麥烏蒙崎　小麥柯蒙崎　穀暮米倭米

羹水路　荳磨米　肉恕恕

筍乾大吉糯古　醬豉可羅米糯

花木類

杉 松計　檜 去那鷄　松 埋止

梅 面婆水　芥 恝辣水　菜 柰

瓜 烏埋　麻 莫入骨水　茄子 乃沈皮

鳥獸類

牛 胡水　狗 意奴　豬 豕豕

雞 抓泥掇地泥 環多禮　鵝 解加　馬 烏馬

魚 遊河　蠏 措泥　蝨 失辣水

羊 羊其　鼠 眠助米

數目類

一丟多子丟徵旦多　一箇个利　二扶達子丟吧多

三蜜子倏咀多　四學子槎槎敵　五意子子難難多

六後子　七乃乃子　八效子

九个个乃子　十多　十一多多丟達子

五十大　百法古　千借一貫

萬慢亦

通用類

有挨路迷路　無乃　好高高的姚鎖盧

極好明哥多　不好由無乃　大加小思姑奈何計
小篠飾　少素古乃水　多快都河河水
遠多俟　近的个　瘦牙十大
短迷加　細相快大　朽骨蹄路
厚挨卒水　薄溫卒水　歪貨水不高歪賴
破羊鈑里里　不是松田乃係　要緊馬多合子
緩慢大慢大　無用設計　多有何何水
未慢大　香于槐水　臭骨蹄水

倭好

昔賈誼上三表五餌之策知倭國之所好則餌在是而悟所以制之之術矣故志之

絲所以爲織絹紵之用也蓋彼國自有成式花様朝會宴享必自織而後用之中國絹紵但充裏衣而已若番船不通則無絲可織每百斤値銀五六十兩取去者其價十倍

絲綿髠首裸程不能奈寒冬月非此不煖常因匱乏之每百斤價銀至二百兩

布用爲常服無綿花故也

綿紬染彼國花様作正衣服之用

錦繡優人劇戲用之衣服不用

紅線編之以綴盔甲以束腰腹以爲刀帶書帶畫帶之用常因匱乏之每一斤價銀七十兩

水銀 鍍銅器之用其價十倍中國常因匱乏每百斤價銀三百兩

針 女工之用若不通番船而止通貢道每一針價銀七分

鐵鍊 懸茶壺之用倭俗客至飲酒之後啜茶啜已即以茶壺懸之不許著物極以茶爲重故也

鐵鍋 彼國雖自有而不大大者至爲難得每一鍋價銀一兩

磁器 擇花樣而用之香爐以小竹節爲尚碗碟以菊花稜爲尚碗亦以葵花稜爲尚制若非然雖官窰不喜也

古文錢 倭不自鑄但用中國古錢而已每一千文價銀四兩若福建私新錢每千價銀一兩二三錢惟不用永樂開元二種

古名畫最喜小者蓋其書房精潔懸此以爲清雅然非落款圖畫不用

古名字書房黏壁之用廳堂不用也

古書五經則重書禮而忽易詩春秋四書則重論語學庸而惡孟子重佛經無道經若古醫書每見必買重醫故也

藥材諸味俱有惟無川芎常價一百斤價銀六七十兩此其至難至貴者也其次則甘草每百斤二十金以爲常

氈毯

馬背氈王家用青官府用紅

粉女人搽面之用

小食籮 用竹絲所造而漆飾者然惟古之取焉新造則雖精巧不喜也小盒子也亦然

漆器 文几古盒硯箱三者其最尚也盒子惟用菊花稜圓者不用

醋

倭船

日本造船與中國異必用大木取方相思合縫不使鐵釘惟聯鐵片不使麻筋桐油惟以草塞鏬漏而已名短水草費功甚多費財甚大非大力量未易造也凡寇中國者皆其島貧人向來所傳倭國造船千百僅皆虛誑耳其大者容三百人中者一二百人小者四五十人或七八十人其形卑隘遇巨艦難於仰攻苦於犂沉故廣福船皆其所畏而廣

船旁陡如垣尤其所畏者也其底平不能破浪
其布帆懸於桅之正中不似中國之偏桅機常
活不似中國之定惟使順風若遇無風逆風皆
道桅蕩櫓不能轉戧故倭船過洋非月餘不可
今若易然者乃福建沿海姦民買舟於外海貼
造重底渡之而來其船底尖能破浪不畏橫風
鬬風行使便易數日即至也
凡倭船之來每人帶水四百斤約八百碗每日
用水六碗極其愛惜常防匱乏也水味不同海

水鹹不可食食則令人泄故彼國開洋必與五島取水將近中國過下八山陳錢之類必停船換水所以欲換者冬寒稍可耐久若五六月蓄之桶中二三日即壞雖甚清洌不能過數日也海洋浩渺風濤叵測程不可計遇山而汲亦其勢耳盥頮沐浴海水山水皆可用或云浴海水令人膚裂近訪之不然但黑肌膚而已倭奴有一秘法煮泉一二沸置之缸缶能令宿而不壞然亦不過半月久則不能也其至普陀必登者

非換水亦非真欲焚香乃覘兵以虛實耳